KB191055

신병주 교수의

# 인물 따라 공간 따라
# 역사 문화 산책

신병주 교수의 + + + +

# 인물 따라

# 공간 따라

# 역사 문화 산책

신병주 지음

매일경제신문사

 필자는 역사의 흐름을 쉽게 이해할 수 있는 가장 중요한 것 중의 하나로 현장 답사를 꼽는다. 역사를 만들어 간 인물과 사건에 대한 현장 답사는 역사에 대한 흥미와 함께 그 의미까지 더해주기 때문이다. 필자는 그동안 우리 역사를 좀 더 쉽게 소개하는 책들을 꾸준히 써 왔다.《왕으로 산다는 것》,《참모로 산다는 것》,《왕비로 산다는 것》처럼 인물을 중심으로 서술한 책,《조선을 움직인 사건들》,《조선후기를 움직인 사건들》등 사건을 중심으로 한 책들을 통해 우리 역사를 쉽고 생동감 있게 전하려고 노력해왔다.

 이번에 출간하는《인물 따라 공간 따라 역사 문화 산책》은 현장 답사에 초점을 맞추어 집필한 책으로, 그동안 여러 매체를 통해 발표한 글들과 새로 쓴 원고를 주제별로 나누어 구성했다. 필자는 대학교에서 전공을 선택할 때에도, 사학과의 현장 답사에 가장 큰 매력을 느꼈고, 현재에도 학생, 일반 시민들과 함께 역사 현장을 자주 찾고 있는데, 이 책은 실제의 현장 답사에서 설명한 내용과 느낌을 담은 것이다.

 이 책은 일곱 개의 장으로 구성되었다. 1부 '왕실의 역사, 궁궐 속으로'에서는 근정전, 집현전과 같이 익숙한 공간 이외에 내의원, 종친부, 창덕궁 후원의 설경 등 새로운 공간도 다루었다. 2부 '갈등과 변화의 공간 서울'에서는 칠궁, 왕의 잠저, 홍덕이 밭, 인조별서 유기비 등 조선왕조의 비하인드 스토리를 다수 소개했다. 3부 '외곽의 역사, 경기도'에서는 추사 김정희와 과천, 정몽주, 조광조와 용인과의 인연 등을 설명했고, 4부 '선비의 고장 경상도'에서는 안동 하회마을, 한산도 대첩과 노량해전의 현장들, 조식과 지리산 산천재 등을 소개했다. 5부 '유배지에서 꽃을 피운 학문, 전라도'에서는 정약용과 강진, 정약전과 흑산도, 유형원과 부안의 학문적 인연 등을, 6부 '청백리와 천주교의 흔적, 충청도'에서는 성삼문과 윤봉길 의사와 당진 솔뫼성지 등을 찾아가 보았다. 7부는 강원도와 제주도와 인연을 맺은 인물인 허난설헌, 신사임당, 김만덕의 행적 등을 소개했다.

역사의 현장에서 만나는 인물, 사건, 공간을 키워드로 하여 서술한 만큼 보다 생동감과 현장감을 느낄 수 있도록 했고, 현장을 찾는 안내까지 부기하여 책을 읽으면서 답사를 할 수 있도록 했다. 독자들이 현장 답사를 통해 역사가 주는 즐거움과 의미를 얻도록 하는 것은 필자가 이 책을 쓴 가장 목표이기도 하다.

마지막으로 이 책을 기획하고, 완성도 높은 원고를 위해 많은 것을 쏟아부은 편집자 정혜재 팀장의 노고에 깊은 감사의 뜻을 표한다. 또한 필자와 함께 현장 답사에도 참여하고, 그 기억들을 되살리며 원고의 교정 작업에도 많은 도움을 준 표시목, 염정헌 등 건국대학교 대학원 사학과 학생들에게도 고마움을 전한다.

# ❀ 목차

## 2부  갈등과 변화의 공간, 서울

## 6부    청백리와 천주교의 흔적, 충청도

## 7부    허난설헌과 김만덕, 강원도·제주도

## 1부

# 왕실의 역사,
# 궁궐 속으로

# 궁궐 속 치유공간,
# 내의원

조선시대에도 전염병이 창궐하여 크게 곤욕을 치른 시기가 많았다. 15세기에는 뇌수막염으로 추정되는 전염병인 악병惡病이 유행했고, 16세기에는 장티푸스나 발진티푸스에 해당하는 온역溫疫이 전국에 유행했다. 조선 후기에는 천연두가 유행하여 왕인 숙종이 천연두에 걸렸고, 왕비 인경왕후는 천연두로 사망했다.

19세기에는 콜레라가 유행했는데, 콜레라의 한자음과 유사한 '호열자虎裂刺'라 불렀다. 그 의미도 '호랑이에게 몸을 찢기고 잘리는 병'이었으니, 많은 사람들에게 공포의 대상이 되었음을 알 수가 있다. 전염병이 유행하면 가장 바빠지는 기관이 의료기관이었다. 조선시대에는 왕실 의료기관인 '내의원'을 비롯하여, 관리들의 치료와 약재 공급을 담당한 '전의감', 일반 백성들을 치료하는 '혜민서', 그리고 혜민서와 함께 빈민구제를 담당하다가, 전염병이 유행하면 환자들을 격리하는 시설로 사용한 '활인서'가 있었다. 활인서는 동

창덕궁 내의원. 창덕궁 내의원은 궐내각사 권역에 있는데 홍문관의 서북쪽, 예문관의 동남쪽, 영의사의 남쪽에 위치해 있다. 궁 안에 꼭 필요한 기관으로 창덕궁 창건 당시부터 있었던 것으로 추정된다.

소문과 서소문 밖에 설치하여 도성 내의 전염병 전파를 막았다.

이외에도 백성을 치료하는 기관으로 조선 초기에 설치한 기관이 '제생원'이었다. 제생원은 세조 때 혜민서에 통합되었지만, 지금도 서울 북촌의 '계동'이라는 이름으로 기억되고 있다. 제생원이 현재의 현대사옥 근처에 위치했기 때문에 제생동이라 했는데, 이것이 계생동으로 바뀌었다가 '계생'이라는 어감이 '기생'과 비슷하다고 하여 다시 '생'자를 빼고 계동으로 이어져 오고 있다.

내의원은 약방이라고도 했는데 궁궐 안에 두었다. 내의원은 고려의 상약국을 계승한 것으로 내약방이라고도 불렸다. 처음 전의감에서 출발했는데, 전의감은 고려의 전의시를 계승한 것이었다. 조선 후기 창덕궁과 창경궁의 모습을 그린 동궐도에는 인정전 서

영조 어진. 영조는 내의원에 '보호성궁 조화어약' 이라는 현판을 내렸다.

편 행각에 내의원이 표시되어 있다. 19세기 서울의 모습을 정리한
《한경지략》에서는 "의원은 약방이라 칭하며, 또 내국이라 칭한다.
예문관 서편에 있으며, 임금의 약을 화제(한약 처방을 이르는 말)하는

것을 관장한다"고 기록하여 내의원의 명칭과 위치를 소개했다.

원래 세자의 거처인 동궁으로 활용되었던 창덕궁 성정각은 일제강점기에 내의원으로 활용된 것으로 보인다. 내의원으로 사용되었던 건물에는, '보호성궁保護聖躬 조화어약造化御藥'이라는, '왕의 몸을 보호하고 왕의 약을 잘 만든다'는 뜻을 담은 영조의 어필 현판이 걸려 있다. 영조는 조선의 왕 중에서 내의원에서 가장 많은 진료를 받았다.

《승정원일기》를 통해, 영조가 내의원을 들른 기록을 통계로 정리해보면 한 달 평균 11회 정도로, 거의 3일 걸러 하루는 내의원에서 진료를 받았음을 알 수 있다. 영조가 83세로 조선의 최장수 왕이 된 것에는 철저한 건강검진이 있었던 것이다. 조선시대 왕의 비서실이 승정원의 규례를 기록한 《은대조례》에서 매월 6차례 5일과 10일마다 왕을 정기적으로 문안하는 것으로 규정한 내용도 찾아볼 수 있다.

## 창덕궁 가는 길

지하철 3호선 안국역 3번 출구에서 나와 도보 5분 거리에 창덕궁이 있다(정문인 돈화문을 지나 동쪽으로 금천교를 지나서 정전인 인정전을 갈 수 있다). 창덕궁 후원으로 들어가는 입구 옆에 함양문이라는 작은 문이 있는데 여기를 통해 창경궁으로 갈 수도 있다(조선시대에는 창덕궁과 창경궁이 한 궁궐로도 인식되어 동궐로 불렸다).

# 세자 문종을
# 기억하는 공간들

 

2023년 경복궁의 동쪽 동궁 영역에 있던 계조당이 복원되었다. 일제강점기에 훼손된 계조당 복원 공사를 2018년에 시작하여 드디어 완성된 것이다. 계조당을 처음 건립한 왕은 세종으로, 당시 세자였던 문종을 위해 설치한 동궁 건물에 포함된다. 세자는 떠오르는 태양이라 하여 그 거처를 동쪽에 두어, 일명 동궁이라 했다. 사계절 중에는 봄을 상징한다고 하여 춘궁春宮이라 했다. 세종은 차기 왕이 될 세자가 미리 정치와 학문 수업을 받을 수 있도록 따로 동궁 건물을 세웠다. 1427년(세종 9) 세자의 서연 장소로 자선당을 만들었고, 1442년에는 세자를 보좌하는 기관인 첨사원을 설치했다.

세자를 위한 건물로 출발했지만 세종은 자선당에서도 자주 정사를 보았다. 그리고 "임금이 자선당에서 타구(두 패로 갈라서 말을 타고 하던 운동경기)를 하니 여러 종친들이 입시하였다"는 기록처럼 이곳에서 자주 타구를 즐겼음도 나타난다. 자선당은 문종이 휘빈 김씨와 순빈 봉씨 등 2명의 세자빈과는 생별을, 세자빈 권씨(후의 현덕왕후)와는 사별을 한 곳이기도 했다. 휘빈 김씨는 세자의 사랑을 얻기 위해, 세자가 좋아했던 궁녀들의 신발을 태워 그 재를 가지고 있던 행각으로, 순빈 봉씨는 여종과 관계를 맺은 레즈비언으로 밝혀져 폐출되었다.

자선당은 1441년 7월 23일 권씨가 원손인 단종을 출산한 곳이기도 했다. 단종이 출산하자, 세종은 신하들에게 대사령(일반 사면을 베푸는 국가 원수의 명령)을 내리도록 했지만, 세자빈 권씨는 출산 후 유증으로 바로 사망했다. 자선당이 세자빈들과 좋은 인연이 없다고 판단해서인지, 1441년(세종 23) 7월 25일 세종은 승정원에 지시하여 세자를 자선당 밖에 따로 거처를 만들어 세자를 살게 했다.

1443년에는 근정전처럼 세자가 신하들의 조회를 받을 수 있는 건물인 계조당을 완성했다. 1443년 5월 12일의 《세종실록》에는, "왕세자가 조회받을 집을 건춘문 안에다 짓고, 이름을 '계조당'이라 하였다"고 기록하고 있는데, 세종이 문종의 대리청정을 지시하면서 세웠다. 문종은 세자로 있을 때, 세종과 함께 많은 성과를 이루어냈다. 측우기의 발명도 문종의 손에서 이루어졌다. 효심도 지극하여 《세종실록》에는 문종이 궁궐에 직접 앵두나무를 심고 수확한 앵두를 세종에게 올린 기록이 보인다. 세종은 진상품으로 올라오는 앵두보다 세자가 직접 심은 앵두라서 더욱 맛있다며 화답해주었다.

계조당은 문종의 유언으로 단종 때 철거되었다. 문종이 더 이상

경복궁의 건물로 동궁의 정당인 계조당. 세자가 신하들의 조회를 받을 수 있는 건물로 세종이 문종의 대리청정을 지시하면서 세웠다.

세자가 신하들의 조회를 받을 필요가 없다고 지시했기 때문이다. 역사 속에 사라졌던 계조당은 1868년 고종 때 경복궁을 중건하면서 부활하게 된다. 고종은 계조당을 재건하면서, 문종이 세종의 가르침을 준수한 전통이 고종에서 순종으로 이어지기 바란다는 뜻을 밝혔다. 그러나 1910년 국권이 침탈되면서, 계조당은 완전히 파괴되었다. 110년이 지난 2018년부터 계조당의 복원 사업이 추진되면서, 이제 문종이 세자 시절을 보낸 공간들의 완전한 모습을 볼 수 있게 되었다.

세자 시절의 왕성한 업적과 활동에도 불구하고, 정작 문종이 왕으로 재위한 기간은 지극히 짧았다. 즉위한 지 2년 3개월 만인 1452년 5월 문종은 경복궁 강녕전에서 승하했다. 문종이 승하한 가장 결정적인 이유는 연이은 국상이었다. 1446년 소헌왕후 심씨가 승하하자 문종은 최선을 다해 3년상을 치루었다. 모친의 3년상 후 잠시 건강을 챙기며 국정을 운영했던 문종은 1450년 2월 세종의 승하하자 다시 3년상에 최선을 다했다. "세종이 병환이 나자 근심하고 애를 써서 그것이 병이 되었으며, 상사(초상이 난 일)를 당해서는 너무 슬퍼하여 몸이 바싹 여위셨다"는《문종실록》의 기록에서 문종이 연이은 국상으로 말미암아 크게 건강을 잃었고, 이것이 문종이 젊은 나이에 승하한 결정적인 원인이 되었음을 알 수 있다.

## 경복궁 가는 길

지하철 3호선 경복궁역 5번 출구에서 나와 도보 2분 거리에 경복궁이 있다. 5번 출구 뒤편으로는 국립고궁박물관이 바로 보인다. 국립고궁박물관에서 동쪽으로 가면 경복궁 매표소가 있다.

# 인재 등용의 산실,
# 집현전

　2020년은 1420년 세종이 본격적으로 집현전을 설치하고 연구기관으로 만든 지 꼭 600주년이 되는 해다. 이러한 인연으로 서울대학교 규장각 한국학연구원을 비롯한 연구기관에서는 집현전을 주제로 한 학술대회가 열렸다. 1420년(세종 2) 3월 16일, 집현전의 직제(직무나 직위에 관한 제도)가 정비되었다. 집현전은 궁중에 둔다는 것과, "문관 가운데서 재주와 행실이 있고, 나이 젊은 사람을 택해 집현전에 근무하게 해, 오로지 경전과 역사의 강론을 일삼고 왕의 자문에 대비했다"라고 《세종실록》은 기록하고 있다. 세종은 즉위와 함께 집현전을 완전한 국가기관으로 승격시켜 학문의 중심기구로 삼았다. 그리고 성삼문, 정인지, 최항 등 시대를 대표하는 학자들이 집현전에 모여들었다.

　집현전에서는 주로 고제(옛날의 제도)에 대한 조사와 함께 현안의 정책과제들을 연구했다. 주택에 관한 옛 제도를 조사한다거나 중국 사신이 왔을 때의 접대 방안, 염전법에 관한 연구, 외교문서 작성, 조선의 약초 조사 등 다양한 연구와 편찬 활동이 이곳에서 전개되었다. 집현전에 소속된 학자들은 왕을 교육하는 경연관, 왕세자를 교육하는 서연관, 과거시험의 시관, 역사를 기록하는 사관의 임무도 동시에 부여받았다. 집현전 학자들을 국가의 기둥으로 키운 것이다. 세종은 본인도 뛰어난 능력의 소유자였지만, 집현전을 중심으로 인재를 최대한 활용하여 국가 정책을 수립하고, 이를 실천하여 민생 안정을 꾀했다. 이러한 점은 오늘날에도 세종의 리더십이 주목받는 부분이다.

현재 집현전 건물은 남아 있지 않다. 대신에 집현전이 있던 자리에 고종 시대에 설치된 수정전 건물을 통해 600년 전 신하들과

경복궁 수정전. 수정전은 경복궁의 정전인 근정전 서측에 있는 건물로 북쪽으로는 경회루가 자리잡고 있다. 학문을 연구하며 왕에게 주요 정책을 자문하고 건의하던 기관으로 문치의 본산이었던 집현전이 있던 곳이다.

머리를 맞대고 연구 활동을 했던 세종의 모습을 느낄 수 있다. 집 현전은 경복궁 내에서도 국왕이 조회하고 정사를 보는 근정전, 사 정전과 매우 가까운 곳에 위치해 있었다. 그만큼 왕의 관심을 받았 던 것이다. 세종이 집현전을 자주 방문해 학자들을 격려했다는 것 은, 늦은 밤까지 집현전에 남아 공부하다 잠든 신숙주에게 왕이 입 고 있던 용포(임금이 입던 정복)를 덮어주었다는 훈훈한 일화에서도 확인된다.

세종의 각별한 배려가 있는 집현전에서 많은 사업 성과가 이루 어졌다. 역사서, 유학과 관련된 경서, 의례, 병서, 법률, 천문학 관 련 서적 편찬의 과제가 집현전에 부여되면, 학자들은 과거의 법제 검토와 대안을 제시해 세종에게 올렸다. 세종은 학자들에게 많은 특전을 베풀어주기도 했다. 예를 들어, 오늘날의 감사에 해당하는 감찰기관의 감찰을 집현전에서는 하지 않도록 배려했다. 사헌부에 서 집현전 학자들의 근무상태를 규찰하자는 건의에 대해 세종은 "집현전은 대궐 안에 있으니 그 출근하고 하지 않는 것을 모두 나 에게 아뢰게 하고, 역시 규찰하지는 말라"고 하면서, 집현전 학자 들이 학문에만 전념할 수 있도록 지원했다.

왕에게 진상하는 최고의 특산물이었던 제주의 귤을 집현전에 하사하여 학자들의 사기를 높여 주었던 사실도 기록되어 있다. 제 주도에서 왕에게 진상하는 귤은 정말 귀한 과일이었는데,《성종실 록》에는 세종 때 세자로 있던 문종이 한강에 세운 정자인 희우정喜 雨亭(후에 망원정으로 개칭)에 거둥(임금의 나들이)하여 집현전 학자들에

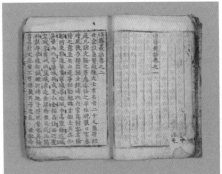

《용재총화.》 조선 전기의 용재 성현의 수필집이다. 풍속·지리·역사·문물·제도·음악·문학·인물·설화 따위가 수록되어 있으며, 문장이 아름다워 조선 시대 수필 문학의 우수작으로 꼽힌다.

게 동정귤(품종이 좋은 귤을 이르는 말) 한 쟁반을 하사했던 기록이 보인다.

세종은 이때 귤과 함께 쟁반에 직접 글씨를 써주기도 했다. 성현이 쓴 수필집 《용재총화》에도 "집현전에서는 아침과 저녁에 밥을 먹을 때에는 내관으로 하여금 손님처럼 대하게 하였으니, 그 우대하는 뜻이 지극하였다"고 하여 세종의 집현전에 대한 예우가 컸음을 증언해주고 있다.

# 창덕궁 후원의
## 설경

눈이 많이 오는 계절에 서울 가까이에서 설경의 진수를 접할 수 있는 곳으로 창덕궁의 후원이 있다. 창덕궁 후원은 세조 때 현재의 규모로 확장한 이래 인조, 숙종, 정조, 순조 등 역대 왕들이 필요에 따라 각 영역을 조성했다. 옛 기록에 따르면 창덕궁 후원은 북원, 금원, 상림이라고 불렸다. 1980년대까지는 비원이라는 용어로 지칭되었지만, 비원이란 명칭은 1904년 이후 일제가 주로 사용하여 현재는 사용을 자제하고 있다. 창덕궁 후원에는 조선 초기부터 100여 개 이상의 누각과 정자들이 세워진 것으로 나타나지만 현재는 40여 채 정도가 남아 있다. 창덕궁을 가장 사랑한 왕은 정조다.

정조는 1776년 영조가 경희궁에서 승하한 후 경희궁 숭정문에서 즉위식을 올렸으나, 즉위 직후 거처를 창덕궁으로 옮기려는 구상을 했다. 이해 6월에는 후원의 가장 중심이 되는 공간에 규장각을 설치했다. 즉위 초기부터 규장각과 같은 학문 연구기관이자 왕

題汶上精舍<br>
城東十里好盤桓<br>
碧樹灣汶水知爲齊魯<br>
他宜韻不須攀<br>
戊午菊秋

정조의 <제문상정사>. 정조가 절경에 대해 직접 짓고 쓴 시다. 정조의 글씨는 짜임새가 긴밀하며 약간 직사각형인 글씨꼴에 맞도록 여백과 행이 적절하고 시원하게 조절되어 있다.

실 도서관의 필요성을 인식했다. 9월 25일에는 영화당 북쪽에 2층 누각을 세우고 1층에 규장각, 2층에 주합루 현판을 걸었다.

19세기의 학자 유본예가 쓴 《한경지략》에는 규장각에 대하여, "창덕궁 금원 북쪽에 있다. 위는 루樓이고 아래는 당堂으로 모두 6

칸이며, 어진(국왕의 초상화), 어제(임금이 친히 과거장에 나와서 보이던 과거의 글제), 어필(임금이 손수 글씨를 씀. 또는 그 글씨), 보책(국왕이 왕비 및 왕대비, 선왕 등에게 시호나 묘호 등을 추증하면서 이들의 행적을 기록한 문서), 인장(일정한 표적으로 삼기 위해 개인, 단체, 관직 등의 이름을 나무, 뼈, 뿔, 수정, 돌, 금 따위에 새겨 문서에 찍도록 만든 도장)을 봉안하고 있다. 편액은 '규장각奎章閣'이라 하는데 숙종의 어필이다"라고 기록하고 있다. 즉위 이듬해인 1777년 8월 6일 정조는 어머니 혜경궁 홍씨, 왕비 효의왕후 등과 함께 창덕궁으로 거처를 옮겼다.

본격적인 창덕궁 시대를 맞이하면서, 창덕궁의 후원 영역은 정조가 가장 애착을 가지며 활용하는 공간이 되었다. 후원의 가장 중심 공간에는 규장각과 연못 부용지芙蓉池가 있다. 규장각 2층 누각인 주합루 동쪽의 영화당 앞 넓은 마당에서는 과거 합격자들에 대한 시상이 있었다. 규장각을 지나 후원 안쪽으로 들어가면 정자, 연못, 돌담, 장식물 등이 자연과 어우러진, 존덕정, 관람정, 취규정, 소요정, 태극정 등 저마다의 개성을 가진 정자들을 만날 수 있다. 창덕궁 후원 북쪽 깊숙한 곳에 널찍한 바위, 폭포와 정자들이 비경을 연출하는 곳은 옥류천과 소요암 지역이다.

옥류천은 백악에서 동쪽으로 뻗어 내려오다가 응봉 기슭으로부터 흐르는 물과 인조가 친히 파서 일군 어정(임금이 마시는 물을 긷는 우물)에서 넘치는 물이 합류하는 작은 개천이다. 이곳에 있는 태극정, 취규정 등의 정자들은 대부분 인조 때 조성되었다. 인조는 옥류천 위의 넓은 바위(소요암) 하단에 '玉流川(옥류천)'이라는 세 글자

창덕궁 후원의 모습. 창덕궁 후원에는 한정된 공간에 다수의 정자가 서 있는데 위치에 따라 제각각 다른 모양을 하고 있어 보는 이의 눈을 더욱 즐겁게 한다.

를 새겨 넣었다. 소요암에 "흩날리는 물 삼백 척 높이/멀리 구천에서 내리네"로 시작하는 숙종이 지은 시가 새겨져 있는 것도 주목된다.

초가로 지붕을 덮은 청의정을 비롯하여, 농산정, 취한정 등 개성을 지닌 정자들도 풍류와 멋을 더해 주고 있다. 어느 계절에 찾아도 좋지만 눈으로 덮여 있는 창덕궁 후원을 보는 것도 큰 즐거움이다.

# 정조의 출생과 승하,
# 경춘전과 영춘헌

2020년은 조선 후기를 대표하는 개혁 군주 정조(1752~1800)가 승하한 지 꼭 220주년이 되는 해였다. 정조는 1800년 창경궁 영춘헌에서 오랜 투병 끝에 49세의 나이로 승하했다. 정조가 태어난 곳도 창경궁의 경춘전이었다. 경춘전은 정조의 형인 의소세손이 태어난 곳이기도 했는데, 의소는 1752년 5월 3세의 나이로 사망했다. 의소세손을 잃은 그해에 정조를 출산한 만큼 사도세자와 혜경궁 홍씨, 그리고 영조의 마음은 더욱 기뻤다. 정조가 직접 지은《경춘전기景春殿記》에는 정조가 태어날 때 사도세자의 꿈에 용이 나타났다는 기록이 있다.

"동쪽 벽에 용이 그려져 있다. 그것은 내가 태어나기 전날 밤 선친의 꿈에 용이 침실로 들어왔는데 나를 낳고 보니 흡사 꿈속에 보았던 용처럼 생겨서 그것을 손수 벽에다 그려 아들을 낳은 기쁨을 나타내셨다는 것이다. 지금 보아도 먹물이 젖은 듯하고, 용의 뿔과

창경궁 경춘전. 경춘전은 명정전의 뒤편, 통명전의 남쪽에 위치해 있다. 정조가 태어난 곳으로도 유명하다.

비늘이 움직이는 것 같아 내가 그 필적을 볼 때마다 감회가 극에 달해 눈물이 쏟아지곤 한다"고 하고 있다. 정조의 문집《홍재전서》에도, 사도세자는 정조를 낳기 전에 용이 나오는 꿈을 꾸었고, 꿈에 나온 용과 정조의 모습이 닮아 기쁜 마음에 〈묵룡도墨龍圖〉를 그렸다는 기록이 보인다. 정조는 묵룡을 그린 다음 날인 9월 22일에 출생했다.

정조가 승하한 곳도 창경궁이었다. 1800년 6월 28일 여름 영춘헌에서 승하했다. 《조선왕조실록》이나《승정원일기》의 기록은 물론이고 정조의 편지에서도 건강 문제에 대해 고통으로 토로하고 있는 장면이 자주 나온다.

창경궁 영춘헌. 정조가 임금이 되어 창경궁에 있을 때 살던 곳으로 궁핍하게 살아가는 백성들을 생각하며 영춘헌 내부에는 사치스럽게 꾸미지 않고, 비가 새어도 개의치 않았다고 한다. 정조가 승하한 곳도 영춘헌이다.

정조는 사망하기 7년 전부터 머리에 난 부스럼 때문에 속이 답답하고, 때로는 밤잠을 설치며 두통을 앓는 등 갖은 고생을 했다. 정조는 치료를 위해 부스럼에 약을 붙이거나 자신의 요구에 따라 침을 놓아 병종을 다스리기도 했다. 정조는 "머리에 난 부스럼과 얼굴에 생긴 종기가 어제부터 더욱 심해졌다. 씻거나 약을 붙이는 것도 해롭기만 하고 약물도 효험이 없어서 기가 더 막히고 쌓여서 화가 더 위로 치밀어 오른다" 하면서 스스로 처방법도 제시했다. "이는 모두 가슴 속에 떠돌아다니는 화火이니, 이것이 내뿜어지면 피부에 뾰루지가 돋아나고 뭉쳐 있으면 곧 속이 답답해지는 것인데, 위에 오른 열이 없어지기도 전에 속의 냉기가 갑자기 일어나는 것을 의가醫家에서는 대단히 경계하는 것이다. 성질이 냉한 약재를 많이 쓸 수 없음이 이와 같으니 오직 화를 발산시키고 열어주는 처방을 써야 효과를 볼 수가 있을 것이다" 했다. 건강에 대한 적신호는 정조 말년까지 계속되었다.

1800년 4월 17일에는 "나는 갑자기 눈곱이 불어나고 머리와 얼굴이 부어오르며 목과 폐가 메마른다. 눈곱이 짓무르지 않을 때 연달아 차가운 약을 먹으면 짓무를 기미가 일단 잦아든다. 대저 태양太陽의 잡다한 증세가 모두 소양少陽의 여러 경락으로 귀결되어 이근(귀뿌리)과 치흔(혀 옆면에 나 있는 치아 자국)의 핵核이 번갈아 통증을 일으키니, 그 고통을 어찌 형언하겠는가?"라고 고통이 엄청남을 호소했다.

《조선왕조실록》이나 심환지에게 보낸 편지를 모은 《어찰첩》에서도 여러 질병으로 큰 고통을 겪고 있었음을 토로하고 있다. 정조의 병증은 복합적이었고, 사망하기 수년 전부터 병마에 시달리고 있었다. 그 수년 동안에 정조의 병세는 호전과 악화가 반복되었다. 정조의 사망은 갑작스럽게 온 것이 아니라, 병적일 정도로 일에 집착을 보이는 정조의 성격과 격무 및 과로, 다혈질의 성격, 잦은 병치레의 축적 등이 정조의 수명을 단축시킨 것으로 보인다.

1800년 6월 28일 《정조실록》은 "유시(오후 6시쯤)에 상이 창경궁의 영춘헌에서 승하하였는데 이날 햇빛이 어른거리고 삼각산이 울었다. 앞서 양주와 장단 등 고을에서 한창 잘 자라던 벼포기가 갑자기 하얗게 죽어 노인들이 그것을 보고 슬퍼하며 '이른바 상복을 입는 벼이다' 했는데, 얼마 안 되어 국상이 났다"고 하여, 정조 승하시에 기이한 현상들이 일어났음을 기록하고 있다. 정조의 승하가 더욱 아쉬운 것은, 승하 이후 권력이 소수의 외척 가문에 집중되는 19세기 세도정치로 이어졌기 때문일 것이다.

 **창경궁 가는 길**

지하철 4호선 혜화역 4번 출구에서 나와 10분 거리에 창경궁이 있다. 창덕궁 관람 후원으로 들어가는 입구 옆에 있는 함양문을 통해 창경궁으로 갈 수도 있다. 최근 종묘에서 창경궁으로 가는 길이 개방되어 종묘에서 율곡로 출입문을 통해서도 창경궁에 갈 수 있다.

# 경복궁 안 도서관,
# 집옥재

독서의 계절이라는 이미지 때문일까? 가을이 되면 도서관에서 책을 읽어야겠다는 생각이 샘솟게 된다. 조선시대를 대표하는 도서관은 세종 시대에 세운 집현전과 정조 시대에 세운 규장각이다. 세종과 정조는 집현전과 규장각을 도서관이자 학문 연구의 중심 기관으로 삼고 많은 성과들을 창출했다. 경복궁에는 고종이 세운 도서관인 집옥재集玉齋도 있다. '옥을 모은 집'이란 뜻으로 이때의 옥은 책을 의미한다. 현판은 중국 북송 때의 서예가 미불의 글씨를 집자(문헌에서 필요한 글자를 찾아 모음)하여 만들었는데, 세로로 걸려 있다.

경복궁의 건청궁 서북쪽에 위치한 집옥재는 3개의 건물로 구성되어 있다. 집옥재를 중심으로, 서쪽에는 팔우정, 동쪽에 협길당이 유리창이 있는 복도로 연결되어 하나의 건물을 이루고 있다. 집옥재는 양쪽 벽을 벽돌로 쌓고 내부를 통층과 다락의 2중 구조로 만

경복궁 집옥재. 건청궁 서쪽에 위치한 전각이다. 고종의 서재로 주로 사용되었으며, 이외에도 어진을 모시거나 외국 사신들을 접견하는 장소로 활용되었다.

들었다. 청나라와 서양의 건축 양식이 가미되어 있다. 천장의 단청 문양에는 봉황을 그려서 권위를 높였다. 정면의 월대(궁전 앞에 있는 섬돌) 중앙에 놓인 계단에는 사악한 기운을 물리치는 동물을 새겨 놓았다.

집옥재와 협길당, 팔우정은 1881년(고종 18)에 창덕궁 함녕전의 별당으로 지은 건물이었는데, 1888년 고종이 창덕궁에서 경복궁으로 거처를 옮기면서 이 전각들도 1891년 옮겼다. 1891년 7월 3일 《고종실록》에는 "보현당을 고쳐짓고 집옥재를 옮겨짓는 공사를 중건소로 하여금 거행하라고 명하였다" 하여 집옥재 공사가 본격적으로 시작되었음을 알리고 있다.

고종은 집옥재에 도서를 수집하고 보관하게 하고 서재로 사용했다. 고종 시대에 집옥재에는 4만여 권의 도서가 수집되었는데, 도서목록인 《집옥재서적목록》이 서울대학교 규장각 한국학연구원에 보관되어 있다. 집옥재는 새로운 서구의 사상을 도입하는 공간이기도 했다. 고종은 집옥재에서 자주 외국사신을 접견했는데, 1893년(고종 30) 한 해에만 영국, 일본, 러시아, 오스트리아 등의 공사들을 접견한 기록이 《고종실록》에 나타난다.

1893년(고종 30) 8월 26일 기록의 "집옥재에 나아가 일본 공사 오토리 게이스케를 접견하였다. 국서(한 나라의 원수가 다른 나라에 보내는 편지)를 바쳤기 때문이다"라는 내용이나, 1894년 3월 25일의 "집옥재에 나아가 미국 공사 실Sill, John M.B.을 접견하였다. 국서를 바쳤기 때문이다"라는 내용을 통해서 집옥재가 외교사절을 접견하는 대표적인 공간으로 활용되었음을 알 수 있다. 집옥재는 어진을 봉안하는 공간으로 활용되기도 했다. "집옥재에 모신 어진을 경운궁 별당에 이봉移奉하라고 명하였다"는 기록에는 집옥재에 모신 어진을 경운궁 별당으로 옮긴 사실을 확인할 수 있다.

외국 사신을 접견하거나, 어진을 봉안하는 기능도 했지만 집옥재의 가장 큰 기능은 도서관으로서의 기능이었다. 고종이 집옥재를 도서관으로 활용한 것에 착안하여, 2016년 4월 문화체육관광부와 문화재청(현 국가유산청)은 집옥재를 작은 도서관으로 새롭게 개관했다. 원형을 보전하면서 목재 서가와 열람대 등을 추가로 설치하고, 조선시대와 왕실 자료에 특화된 도서관으로 운영하고 있다.

# 조선시대 친인척 관리부처,
# 종친부

역대의 대통령 선거에서 가장 중요했던 것은 결국은 후보자의
자질과 정책 공약이었겠지만, 가까운 친인척의 관리 문제도 큰 변
수로 작용한다. 조선시대 왕실의 친인척은 크게 왕실의 부계 친족
인 종친과 모계 친족인 외척으로 나누어진다. 종친은 종족, 본종,
동종으로도 칭해졌는데, 외척보다 더 엄격하게 정치 참여를 금지
했다.

종친에게는 정1품 현록대부부터 정6품 종순랑까지 품계를 부여
했지만, 실직(문무 양반만이 하는 벼슬)이 없는 명예직이었다. 종친들
을 따로 관리하는 기관인 종친부를 설치하기도 했다. 종친부에서
는 왕실 족보인 《선원보》를 제작하거나, 왕실에서 사용하는 옷감
을 올리는 등 제한적인 업무만을 했고, 정치 참여는 철저하게 금
했다. 종친들끼리 연락을 하며 화합을 나누는 기관의 역할을 한
것이다.

종친부의 중심 건물 경근당. 조선시대 관공서 중 최고 등급인 정1품 아문의 하나로 관아건축이면서 궁궐건축의 격식을 갖춘 건물이다.

종친부의 시작은 세종 때부터였다. 1430년(세종 12) 11월 29일 《세종실록》의 기록에는 이조에서 왕에게 아뢴 내용이 나온다. "과거에는 종부시(왕실의 족보에 관한 일을 맡아보던 관아)가 재내제군부(종친에 관한 여러 가지 일을 맡아보던 관아)에 예속되어 부중(높은 벼슬아치의 집안)의 모든 물품을 겸장했었으나, 지금은 본시가 따로 하나의 관청이 되어 오로지 규찰을 관장하고 있으므로, 본부에는 소속된 관료가 없게 되었습니다. 지금부터는 재내제군부를 종친부라고 명칭을 고치게 하십시오"라고 했고 세종은 이를 그대로 수용했다.

종친부는 '재내제군부'를 고친 이름이었고, 종친부에는 대군·왕자군·제군·영종정경·판종정경·지종정경·종정경·도정·정·부정·수·부수·영·부령·감 등의 계층이 있었다. 종친부를 관리하는 조관(조정에서 벼슬살이를 하고 있는 신하)으로는 전첨·전부·주부·직장·참봉 등이 배치되었다.

고종 시대인 1864년(고종 1)에는 종부시와 합하여 종부시의 업무를 인계받았고, 1894년(고종 31)에 종정부, 이듬해에 종정원으로 개편되었다. 1905년에는 종부시로 개칭되었다가 1907년에 폐지되고, 그 기능은 규장각으로 옮겨졌다. 종친부는 조선시대 왕실 인사들을 정치에 참여하지 못하게 하는 대신, 이들을 위한 예우 기관으로 설치한 것이었다. 조선시대 상당 기간 왕실의 외척들이 정치에 깊이 관련한 사례와는 달리 종친들에 의한 정치 세력이 거의 없었던 것에는 종친부의 역할을 무시할 수 없다. 정치 참여가 좌절된 왕실의 종친들은 시, 서, 화에 빠지거나 풍류로 일생을 보내는 경우가 많았다.

종친부는 원래 한성부 북부 관광방, 현재 서울의 북촌 국립현대미술관 서울관 바로 옆에 위치해 있었다. 현재에도 종친부 건물의 원형이 일부 남아 있는데, 경근당과 옥첩당이 그것이다. '경근'은 가까운 친척을 공경한다는 뜻이며, '옥첩'은 왕실의 계보를 옥에 쓴 것에서 유래한 이름이다. 종친부는 본인 역시 종친이었던 흥선대원군 집권 시기인 1866년에 중건되었다. 경근당은 대군, 왕자군 등 종친들의 대청으로 종친부의 중심을 이룬 건물이었다. 좌우로 각각 옥첩당과 이승당을 두고 복도각으로 연결되어 있었지만, 이승당은 이후 사라졌고 옥첩당만 남아 있다.

경근당과 옥첩당은 이곳에 국군보안사령부(현 국군방첩사령부) 건물이 들어서게 되자, 이곳에 테니스장을 조성하면서 1981년 당시의 경기고등학교(현 정독도서관)로 강제 이전되었다. 그러다가 국군방첩사령부과 국군통합병원이 2008년 과천으로 이전한 후, 이 자리에 2013년 6월 국군방첩사령부 건물 일부를 리모델링한 국립현대미술관 서울관이 들어서게 된 것이다. 이에 종친부 건물도 정독도서관 경내에서 현재의 자리로 돌아올 수 있었다. 경근당과 옥첩당은 원형의 모습을 잘 유지하고 있는 점을 인정받아, 2021년 12월 보물 제2151호로 지정되었다.

 **종친부 건물 가는 길**

지하철 3호선 안국역 1번 출구에서 서울공예박물관, 감고당길을 거쳐 도보로 10분 거리에 종친부 건물인 경근당과 옥첩당이 있다.

# 세종 즉위식 현장,
# 경복궁 근정전

대통령 취임식은 매우 중요한 행사로 꼽힌다. 오늘날의 대통령 취임식에 해당하는 조선시대 왕의 즉위식 대부분은 선왕의 장례식에 수반되는 슬픈 행사였다. 그러나 4대 세종의 즉위식만큼은 기쁜 즉위식이 되었다. 태종이 스스로 상왕이 되면서 세종에게 왕위를 물려주었기 때문이다. 1418년 8월 10일 세종의 즉위식은 경복궁 근정전에서 열렸다.

《세종실록》 총서의 기록을 보면, "태종이 여러 신하에게 명하여, 경복궁에 나아가 신왕의 즉위를 축하하게 하였다"고 하여 태종이 세종의 즉위식에 깊이 관여했음을 알 수 있다. 경시庚時(오후 5시경)에 종실과 문무백관이 조복朝服 차림으로 경복궁 뜰에서 서열대로 늘어섰다. "세종이 원유관에 강사포를 입고 근정전에 나오자, 여러 신하들이 하례를 올리고, 성균관 학생과 회회노인回回老人(아랍상인)과 승려들도 모두 참여하였다"는 《조선왕조실록》을 통해서는 아라비아 지역의 대표와 승려들까지 즉위식 행사에 참석했음을 알 수 있다. 《세종실록》에는 근정전에서 세종이 즉위교서를 반포한 내용까지 자세히 기록하고 있다.

"삼가 생각하건대, 태조께서 홍업(새로 산업이나 사업을 일으킴)을 초창하시고 부왕 전하께서 큰 사업을 이어받으시어, 삼가고 조심하여 하늘을 공경하고 백성을 사랑하며, 충성이 천자에게 이르고, 효하고 공경함이 신명에 통하여 나라의 안팎이 다스려 평안하고 나라의 창고가 넉넉하고 가득하며, 해구(바다로부터 침입하여 들어오는 도둑 떼)가 와서 복종하고, 문치(학문과 법령으로 세상을 다스림)는 융성하고 무위(무력의 위세)는 떨치었다. 그물이 들리면 눈이 열리듯이 대체가 바로 섬에 세절細節이 따라 잡히어, 예가 일어나고 음악이 갖추어져 깊은 인애와 두터운 은택이 민심에 흡족하게 젖어들었고, 융성한 공적은 사책(역사적 사실을 기록한 책)에 넘치어, 승평(나라가 태평함)의 극치를 이룸이 옛적에는 없었나니, 그러한 지 이에 20년이 되었다. 그런데 근자에 오랜 병환으로 말미암아 청정(정사에 관하여 신하가 아뢰는 말을 임금이 듣고 처리함)하시기에 가쁘셔서 나에게 명하여 왕위를 계승케 하시었다. 나는 학문이 얕고 거칠며 나이 어리어 일에 경력이 없으므로 재삼 사양하였으나, 마침내 윤허를 얻지 못하여, 이에 영락 16년 무술戊戌 8월 초 10일에 경복궁 근정전에서 위에 나아가 백관의 조하(탄일 따위의 경축일에 신하들이 조정에 나아가 임금에게 하례하던 일)를 받고, 부왕을 상왕으로 높이고 모후를 대비로 높이었다. 일체의 제도는 모두 태조와 우리 부왕께서 이루어

근정전에서 재현된 세종의 즉위식 모습. 근정전은 조선시대 국가의 중대한 의식을 거행하던 궁궐 건물이다. 현재의 모습은 1867년 중건된 것으로, 경복궁 창건 당시인 1395년(태조 4)에 지은 건물이 임진왜란(1592~1598) 때 불타버린 뒤 270여 년 만에 다시 지은 것이다.

놓으신 법도를 따라 할 것이며, 아무런 변경이 없을 것이다"라는 기록에서 즉위식에 임하는 세종의 감회와 더불어, 세종이 태종을 상왕으로, 어머니를 대비로 높였다는 것을 알 수 있다.

"일체의 제도는 모두 태조와 우리 부왕께서 이루어 놓으신 법도를 따라 할 것이며, 아무런 변경이 없을 것이다"라고 한 것은 양녕대신에 자신을 세자로 삼고 불과 두 달 만에 상왕으로 자리한 태종에 대한 감사를 표명한 것이었다. 이어서 "이 거룩한 행사에 부쳐서 마땅히 너그러이 사면하는 명령을 선포하노라"고 하면서, 즉위식을 기념하여 사면령을 시행했다.

다만 8월 10일 새벽 이전의 사건 중 모반 대역(국가와 사회의 질서를 어지럽히는 큰 죄)이나 조부모나 부모를 때리거나 죽인 것, 처첩이 남편을 죽인 것, 노비가 주인을 죽인 것, 독약이나 귀신에게 저주하게 하여 고의로 꾀를 내어 사람을 죽인 사건은 사면 대상에 포함시키지 않았다. 사실 조선 왕의 즉위식 대부분은 왕의 승하 후에 이어 이루어진 행사였던 만큼, 장례식이 주된 행사였고, 즉위식은 잠깐 부속된 행사에 불과했다. 그러나 세종은 아버지 태종이 살아계신 상황에서 이루어진 즉위식이었기에 어느 즉위식보다 경축적인 분위기 속에서 진행될 수 있었다. 세종이라는 왕이 지니는 상징성, 조선 왕의 즉위식 중 가장 축제적인 분위기에서 거행되었고 《조선왕조실록》에 기록이 자세히 정리되어 있다는 특징은 세종 즉위식의 의미를 더욱 크게 하고 있다.

# 왕실 여성을 위해 출발한 궁궐,
## 창경궁

조선시대 궁궐 중 왕실 여성들과 가장 인연이 깊은 궁궐은 어디일까? 바로 창경궁이다. 창경궁은 성종 연간에 처음 지어졌다. 창경궁을 지은 곳에는 원래 태종이 거처한 수강궁壽康宮이 있었다. 태종이 왕위를 물려주고 상왕으로 물러나자, 세종이 부왕을 위해 지은 곳이 수강궁이다.

1482년(성종 13) 성종은 수강궁을 확장, 수리하라는 명을 내렸다. 왕이 된 후에도 생존해 계시는 왕실의 세 대비, 세조의 비 정희왕후, 성종의 생모 소혜왕후(인수대비), 예종의 계비 안순왕후를 위한 처소를 마련하고자 함이었다. 경복궁과 창덕궁이 있음에도 창경궁을 건설한 데는 왕실의 여성 어른들을 위한 공간이 필요했기 때문이었다. 수강궁은 1485년 창경궁이라는 이름으로 다시 태어난 것이다.

창경궁의 정전(왕이 나와서 조회를 하던 궁전)인 명정전이 경복궁의

창경궁 명정전. 명정전은 창경궁의 정전으로 신하들이 임금에게 새해 인사를 드리거나 국가의 큰 행사를 치르던 장소로 사용했으며, 외국 사신을 맞이하던 장소로도 이용했다.

근정전, 창덕궁의 인정전과는 달리 남향이 아닌 동향으로 만들어진 것도, 이곳을 왕실 여인들의 공간이라는 점을 염두에 두었기 때문으로 여겨진다. 창경궁은 광해군에서 인조 연간에 새로운 모습을 갖춘 이후에는 국왕이 거처하면서 창덕궁을 보완하는 단순한 기능에서 벗어나 조선시대를 대표하는 또 하나의 궁궐로 자리를 잡아 갔다. 임진왜란 때 소실된 후 복원이 되지 못한 경복궁이 궁궐의 기능을 하지 못하면서, 창덕궁이 법궁, 창경궁은 경희궁과 더불어 이궁離宮으로 역할을 했다.

1680년 인경왕후가 천연두에 걸리자, 숙종은 거처를 경희궁에서 창경궁으로 옮겼다. 사도세자가 뒤주에 갇혀 비극적인 생을 마감한 문정전도 창경궁에 소재한 건물이며, 영조는 1750년 균역법 실시 과정에서 창경궁 홍화문 밖에서 직접 백성들의 의견을 듣기도 했다.

이외에 창경궁에는 정조가 어머니 혜경궁을 위해 지은 자경전이 있다. 창경궁에서도 가장 높은 언덕에 세운 자경전은 사도세자를 모신 사당인 경모궁(현재의 서울대학교 병원 자리)과 마주 볼 수 있게 했는데, 정조의 부모에 대한 효심이 구현된 건물이다. 정조의 후궁인 수빈 박씨의 거처로 순조를 출생한 집복헌도 창경궁에 있다.

창경궁의 경춘전과 통명전은 사극 속 주인공들과 깊은 인연이 있다. 우선 경춘전에서 제일 먼저 생활한 왕실 여성은 드라마 〈왕과 비〉의 주인공이기도 한 인수대비다. 아들 성종이 왕이 된 후 남편 의경세자가 덕종으로 추존되면서 소혜왕후에서 인수대비로 승격되었다. 인수대비는 여성을 위한 지침서인 《내훈》을 저술했다.

사극에서 장희빈의 라이벌로 자주 등장하는 인현왕후는 서인과 남인의 정치적 갈등 속에서 왕비의 자리에서 폐출되고 복위되는 등 정치적 파란을 겪었다. 인현왕후는 1694년 갑술환국으로 왕비의 자리로 복위한 후 경춘전에서 생활하다가, 1701년 이곳에서 승하했다. 장희빈이 인현왕후가 거처하고 있던 통명전 아래에 죽은 새와 쥐 등 흉물을 묻고 저주한 것이 인현왕후의 승하를 앞당겼다는 기록도 보인다.

영조의 계비인 정순왕후는 통명전에서 간택을 받고 왕비의 자리에 올랐다. 정조의 어머니이자 사도세자의 부인 혜경궁 홍씨도 경춘전에서 많은 시간을 보냈다. 혜경궁과 경춘전의 인연은 세자빈 간택을 받은 것에서 시작되며, 이곳에서 정조를 낳기도 했다. 혜경궁이 노후의 시간을 경춘전에서 보내며 집필한 책이 바로 궁중문학을 대표하는 작품 《한중록》이다. 창경궁에서 왕실 여성들의 향기를 찾아보기를 바란다.

# 조선의 다섯 번째 궁궐,
# 경희궁

　새해가 되면 궁궐을 찾는 사람들이 많다. 경복궁, 창덕궁, 창경궁은 물론이고 덕수궁을 찾는 경우는 많지만 경희궁은 늘 소외된 듯한 느낌을 준다. 무엇보다 경희궁은 건물의 1/10도 복원이 되지 못해 궁궐의 위상을 잘 보여주지 못하고 있기 때문일 것이다. 그러나 경희궁은 광해군이 창건한 이래, 숙종, 영조, 정조 등 조선 후기를 대표하는 왕들과 깊은 인연을 맺은 궁궐이다.

　《궁궐지》의 기록에 의하면 창건 때 정전, 동궁, 침전, 별당 등 1,500여 칸에 달하는 건물이 있었으며, 1620년에 완공을 보았다. 1617년(광해군 9) 6월 11일의 《광해군일기》에는 "새 궁궐을 새문동에다 건립하는 것에 대해 의논하였다"는 기록이 보인다. "술인術人 김일룡이 또 이궁을 새문동에다 건립하기를 청하였는데, 바로 정원군(인조의 아버지)의 옛집이다. 왕이 그곳에 왕기가 있음을 듣고 드디어 집을 빼앗아 관가로 들였는데, 김일룡이 왕의 뜻에 영합하여 이 의논이 있게 된 것이다"고 기록하고 있다.

풍수지리설에 의한 왕기설은 선조와 인빈 김씨 사이에서 태어난 아들인 정원군을 견제하기 위한 정치적인 의도가 컸다. 처음 경희궁은 '서별궁'으로 칭해졌다가 '경덕궁'이란 이름을 붙였다. 광해군은 공사의 진행에 관심을 가지고 상황을 세세하게 검토했다. 왕의 뜻에 부합하고자 궁궐 공사에 협조하는 인물도 생겨났다. 《연려실기술》에서는 궁궐을 짓는데 재료를 제공하고 관직을 제수받은 자들을 조롱하여 '오행당상(화, 수, 목, 금, 토를 바친 당상)'이라고 불렀다고 기록하고 있다.

"광해군이 관직을 임명할 때에 은이 많고 적은 것을 보아서 벼슬 품계를 올리고 낮추며 또 인경궁과 자수궁, 경덕궁을 건축할 때 민가를 모두 헐고 담장을 넓혔으며 산에 나무를 모두 베어서 큰 뗏목 배가 강에 이어져 있고 인부들을 징발하여 중들이 성안에 가득 찼었다. 그때 집터와 돌, 은, 나무 등을 바치고 혹은 개천을 막아 물을 가두고 혹은 숯을 태워 쇠를 다룬 자도 모두 옥관자의 반열에 올렸는데, 사람들이 오행당상이라 불렀다"는 기록이다.

공사에 대한 반대 여론도 적지 않았다. 왜란 이후 재정의 궁핍함과 상황의 어려움을 들어 공사 중지를 상소했으나, 광해군은 요지부동이었다. 반대가 이어지는 속에서도 경희궁 공사는 1620년까지 계속되었다. 이토록 광해군의 강력한 의지 속에 완성된 경희궁이었지만 경희궁은 광해군의 몰락을 재촉하는 부메랑이 되었다. 1623년 인조반정으로 광해군을 몰아낸 세력은 광해군 폐출의 명분

경희궁의 정전인 숭정전. 경희궁은 본래 경덕궁으로 불렸으며, 처음 창건 때는 유사시에 왕이 본궁을 떠나 피우(피하여 우거함)하는 이궁으로 지어졌으나 궁의 규모가 크고 여러 임금이 정사를 보았기 때문에 동궐인 창덕궁에 대하여 서궐이라고 불리고 중시되었다. 서울시는 경희궁의 역사를 되찾기 위해 발굴과 복원 작업을 시작했고, 숭정전을 비롯한 경희궁은 2002년부터 시민들에게 다시 모습을 드러내게 되었다.

으로, 크게 세 가지를 꼽았다. 첫째, 동생인 영창대군을 죽이고 인목대비를 폐위한 폐모살제廢母殺弟, 둘째, 명과 후금 사이에 취한 중립외교 정책이 명나라에 대한 의리를 저버렸다는 것, 셋째, 광해군이 추진한 인경궁, 경덕궁 등의 대규모 궁궐 공사를 인조반정의 명분으로 삼았던 것이다.

그러나 완공의 당사자 광해군은 1623년의 인조반정으로 경희궁에 입궁도 하지 못한 채, 왕의 자리에서 물러났다. 인조는 광해군에 이어 경운궁에서 즉위식을 올렸으며, 경희궁에서도 일정 기간 거처했다. 인조반정으로 창덕궁의 전각이 소실되고, 1624년 이괄의 난으로 다시 피해를 보자 인조는 거처를 경희궁으로 옮겼던 것이다.

인조 이후 경희궁에 거처한 왕은 현종이다. 현종은 재위 기간을 주로 경희궁에서 보냈는데, 1661년(현종 2) 현종과 명성왕후 사이에서 적장자 숙종이 회상전에서 태어났다. 숙종은 경희궁과 특히 인연이 깊은 왕이었다. 숙종은 1661년 회상전에서 탄생했고, 재위 46년간 창덕궁과 경희궁을 오갔다. 1720년(숙종 46) 6월 숙종은 융복전에서 승하하면서 경희궁과의 인연을 이어갔다. 숙종의 승하 후 경종은 경희궁의 정문인 숭정문에서 즉위식을 올리면서, 경희궁에서 즉위식을 올린 최초의 왕이 되었다.

영조는 1760년(영조 36)에 궁궐 이름을 경덕궁에서 경희궁으로 개칭했는데, 원종(인조의 생부)의 시호에 '경덕'이 들어가 있어서, 이를 피해 궁궐 이름을 고친 것이다. 1776년 영조가 경희궁에서 승하하자, 정조 역시 경희궁에서 즉위식을 올렸다. 정조가 세손 시절에 암살 위협에 시달렸던 기록을 바탕으로 제작한 영화가 2014년에 개봉한 영화 〈역린〉이다. 정조 이후 순조, 헌종, 철종도 경희궁에 일정 기간 머물면서 경희궁의 중요성을 키워갔다.

그러나 고종 때인 1868년 경복궁이 중건되면서 경희궁은 궁궐로서의 기능을 실질적으로 마감하게 되었다. 일제강점기 경희궁 자리에 일본인 학교인 경성중학교가 들어섰고, 경성중학교를 계승한 서울고등학교가 서초구로 이전한 후에는 이곳에 서울역사박물관이 건립되었다. 서울역사박물관의 동쪽에 경희궁의 정문이었던 흥화문이 이곳에 있었음을 알려주는 표지석이 있다.

 **경희궁 가는 길**

지하철 5호선 광화문역 7번 출구에서 나와 도보로 7분 거리에 서울역사박물관이 있다. 경희궁은 서울역사박물관 뒤편에 위치해 있다. 현재의 서울역사박물관은 원래 경희궁이 있었던 자리로 정조가 세손 시절 거처했던 존현각 등의 건물이 있었다. 지하철 5호선 서대문역 4번 출구에서 도보로 10분 거리로, 돈의문박물관 마을을 지나 도착할 수도 있다.

# 소현세자 의문사, 창경궁 환경전

　2022년에 개봉된 영화 〈올빼미〉는《인조실록》의 기록에서 보이는 소현세자의 독살 의혹에 착안하여 제작된 영화다. 인조에 의해 소현세자가 독살되었다는 것을 기본 줄거리로 하면서, 낮에는 잘 보이지 않지만 밤에는 사물을 볼 수 있는 주맹증晝盲症 의관을 영화에 등장시켜, 독살의 현장을 목격한 것으로 영화의 줄거리는 이어진다. 인조 역할을 맡은 배우 유해진은 이제껏 왕 역할을 했던 배우의 이미지를 깨고, 소탈한 외모의 왕도 존재할 수 있음을 은근히 보여주었다. 영화의 배경이 되는 곳은 창경궁 환경전이다.

　1645년(인조 23) 4월 26일의 "왕세자(소현세자)가 창경궁 환경당(환경전)에서 죽었다. … 세자가 본국에 돌아온 지 겨우 수개월 만에 병이 들었는데, 의관들 또한 함부로 침을 놓고 약을 쓰다가 끝내 죽기에 이르렀으므로 나라 사람들이 슬프게 여겼다"는 기록과 1645년 6월 27일의 "세자는 본국에 돌아온 지 얼마 안 되어 병을

창경궁 환경전. 환경전은 임금이 창경궁에 오셨을 때 임금의 침전이나 편전으로 사용하던 곳이다. 중종과 소현세자가 이곳에서 승하했다. 1749년 당시 영민하고 무예에도 출중했던 사도세자가 영조의 대리청정을 명받은 곳이기도 하다.

얻었고 병이 난 지 며칠 만에 죽었는데, 온몸이 검은빛이었고 이목구비 일곱 구멍에서는 모두 선혈이 흘러나오므로, 검은 천으로 얼굴 반쪽만 덮어 놓았으나, 곁에 있는 사람도 얼굴빛을 분별할 수 없어 마치 약물에 중독되어 죽은 사람 같았다"는 기록에서 영화가 시작된다.

소현세자는 병자호란 때 청나라에 항복한 후, 항복의 조건으로 1637년 2월 청나라 심양에 인질로 갔다. 인질 생활을 마치고, 1645년 2월 18일 귀국했지만 두 달 만에 의문의 죽음을 당했다.《조선왕조실록》에서도 독살 의혹을 제기할 만큼 세자의 죽음은 의문투성이었다. 학계에서는 인조와 세자의 불화를 독살의 주요 원인으로 추정하고 있다.

소현세자가 독살로 인해 사망했을 가능성이 높은 환경전은 성종 때 창경궁을 건설할 때 처음 세워졌으며, 주로 왕의 침전으로 활용되었다. 《성종실록》 1484년(성종 15) 2월 15일에는 "의정부 좌찬성 서거정이 명을 받들어, 신궁新宮의 여러 전각의 이름을 지어서 올렸는데, 전殿은 명정전·문정전·수녕전·환경전·경춘전·인양전·통명전이고, 당堂은 양화당·여휘당이고, 각閣은 사성각이라 하였다"고 기록하여 환경전은 성종이 처음 창경궁을 조성할 때부터 세워진 전각임을 알 수 있다.

소현세자 이전에 환경전에서는 중종이 1544년(중종 39)에 승하했다. 1575년 1월에 명종의 왕비 인순왕후 심씨가 승하하자, 선조는 환경전에 여막을 차리고 혼전(임금이나 왕비의 국장 뒤 삼 년 동안 신위를 모시던 전각)으로 사용하게 하였다. 처음에는 전殿의 이름이 환경으로 '기뻐하고歡 경하한다慶'는 뜻이므로 상중에 합당치 않다고 하여 거처하고자 하지 않았으나, 승정원에서 무방하다고 아뢰자 그대로 따랐다.

임진왜란 때 창경궁이 불탄 후 광해군 때 환경전을 중건했지만, 1624년 이괄의 난 때 소실되었고 이후에 다시 중건했다. 1830년(순조 30)에 다시 큰 화재로 인조 때의 건물도 불타버렸고, 지금의 건물은 1834년에 다시 지은 것이다. 숙종은 부친 현종이 승하한 후, 환경전을 혼전으로 삼았다. 환경전을 자주 찾은 왕은 영조였다. 영조는 이곳에서 사도세자와 신하들에게 가르침을 전달했으며, 1750년(영조 26)에는 전시殿試(최종 면접)를 실시했다.

환경전은 왕실의 빈전(국상 때, 상여가 나갈 때까지 왕이나 왕비의 관을 모시던 전각)으로 자주 활용되었는데, 정조와 정순왕후(영조의 계비), 철종의 빈전이 이곳에 마련되었다. 단아한 형태와 화려한 단청이 잘 어우러진 목조건물 환경전은 소현세자, 영조 등과 깊은 인연이 있는 공간이다.

# 향원정과 취향교의
# 복원

2022년 1월 경복궁을 찾았다가, 오랜 기간 3년 여간 복원 공사로 그 모습을 볼 수 없었던 향원정과 취향교 일대를 둘러 볼 수 있었다. 향원정은 오랜 시간에 걸쳐 낡고 기울어져 있었는데, 2012년 정밀 실측 조사를 시작으로 주기적으로 안전진단을 받았다. 2018년 11월부터는 보수공사에 들어가 3년간의 공사 끝에 본래 모습을 되찾게 되었다. 보수공사 기간에는 투명한 판을 통해 향원정을 볼 수 있었지만, 이제 백악산의 풍광과 향원정이 한눈에 들어온다. 특히 이 기간에 그동안 잘못된 위치에 놓인 취향교가 제자리를 찾은 것 또한 의미가 크다.

향원정은 경복궁 후원 영역에 자리를 잡고 있는 대표 정자로, 향원지라는 연못의 인공섬 위에 조성되어 있다. 향원정이라는 이름은 주돈이의 〈애련설愛蓮說〉(연꽃을 사랑하는 논설) 가운데, "향원익청香遠益淸(향기는 멀수록 더욱 맑다)"라는 구절에서 따와 지은 것이다. 경

경복궁 향원정. 왕과 가족들의 휴식처로 이용되었으며, 향원지 가운데 섬 위에 세워진 육각형의 정자가 향원정이다.

회루가 사신을 접대하거나 국가적 잔치를 베푸는 공식적인 성격을 갖춘 곳이라면, 향원정은 왕실의 사적인 휴식 공간으로 기능했다.

향원정의 모태가 된 정자는 취로정이다. 취로정은 세조 때 지어졌는데, 《세조실록》에는 "경복궁의 후원에 새로운 정자를 완성하였다. … 이름은 '취로정'이라 하고 앞에 못을 파서 연꽃을 심게 하였다"라는 기록이 있다. 취로정은 임진왜란 때 경복궁이 소실되면서 사라졌고, 고종 때인 1885년 이 자리에 향원정을 지은 것이다. 1887년 9월 18일의 《승정원일기》에는 고종이 건청궁에 거둥한 후 유생들에게 제수 시험을 치게 한 내용이 보인다. 이때 시험 문제의 제목을 '향원정'으로 할 것을 명했고, 민영돈 등이 받들고 나가 제목을 내걸었다는 것을 알 수 있다.

건청궁은 향원정과 깊은 관련이 있는 것으로, 1873년 고종이 경복궁 내에 왕과 왕비를 위한 공간으로 지은 건물이다. 고종의 거처를 장안당, 명성황후가 거처한 안채를 곤녕합이라 했다. 건청궁에 거처했던 고종이 휴식을 취하기 위해 조성한 정자가 향원정이었고, 건청궁에서 향원정으로 가기 위해 만든 다리가, '향기에 취하는 다리'라는 뜻을 가진 취향교였다. 건청궁에서 가기 위해 당연히 다리는 향원정의 북쪽에 건설했고, 아치형의 형태를 띤 다리의 모습은 근대 시기 사진자료에도 나타난다.

취향교는 한국전쟁 때 불타 없어졌는데, 1953년 다시 복원할 때는 다리를 남쪽으로 놓았다. 건청궁이 복원되어 있지 않은 상태에서, 취향교는 경복궁 건물 쪽과 연결되는 다리라고 생각했기 때문이었다. 1980년 미스 유니버스 대회가 한국에서 개최되었는데, 당시 세계 각국의 참가자들이 수영복을 입은 모습으로 취향교 다리 위에서 포즈를 취하고 찍은 사진은 문화유산을 잘못 활용한 대표적인 사례로 거론되기도 한다.

향원정의 보수와 취향교가 잘못 복원된 것을 바로잡기 위해 2018년 11월부터 향원정 일대의 공사가 착수되었고, 2021년 11월 3년 만에 그 완성을 보았다. 향원지 인공 섬의 북쪽에 남아 있던 다리의 유구(옛날 토목건축의 구조와 양식을 알 수 있는 실마리가 되는 자취) 부분과 1901년에 찍은 취향교의 사진은 원형의 복원에 큰 힘이 되었다. 향원지 호안석축 외부와 연결된 낮은 형태의 굴뚝을 복원했고, 배연 실험으로 아궁이에서 연도를 통해 연기가 자연스럽게 빠져나

감을 확인한 것도 복원 과정의 성과였다. 향원정과 취향교는 새로
복원된 모습으로 관람객을 맞고 있다.

# 정조와
# 창덕궁 상림 10경

창덕궁 후원을 가장 잘 활용한 왕은 정조다. 정조는 왕위에 오르기 전 경희궁에서 15년을 지내다가 즉위 후 처소를 본궁인 창덕궁으로 옮겼다. 그리고 창덕궁에서 경관이 가장 아름다운 영화당 옆의 언덕을 골라 2층의 누각을 짓고 어필로 '주합루'라는 현판을 달았으며, 1층을 어제존각이라 하여 역대 선왕이 남긴 어제, 어필 등을 보관하게 하고 '규장각'이라고 이름했다.

규장각 신하들인 '각신'들이 모여 연구를 하는 규장각 건물 이외에도 후원에는 여러 부속건물이 있었다. 역대 왕들의 초상화, 어필 등을 보관한 봉모당을 비롯하여, 국내의 서적을 보관한 서고와 포쇄(서책을 정기적으로 햇볕이나 바람에 말리는 작업)를 위한 공간인 서향각, 중국에서 수입한 서적을 보관한 개유와, 열고관, 그리고 휴식 공간인 부용정이 있었다.

당시 규장각의 건물 배치 모습은 김홍도가 그린 〈규장각도〉를 통해 확인할 수 있다. 정조는 규장각에서 일하는 신하들과 이들의 형제와 자제들을 자주 후원으로 초대하기도 했다. 1793년 2월 28일 《일성록》에는, "이날 사옹원(왕의 식사나 궁중의 음식 공급에 관한 일을 맡아보던 중앙 관청)에 있는 사람에게 명하여 존덕정 아래 계곡가의 꽃과 나무가 우거진 곳에 화고(꽃으로 만든 떡)를 갖추어 놓게 하였다. ⋯ 마침내 보여(노인이나 다리가 불편한 사람을 위한 가마)로 존덕정에 나아가니, 사옹원에 있는 사람이 화고와 귀한 음식을 올렸다. ⋯ 대내(대전의 안)로 돌아오려고 할 때 다시 신하들을 불러 이르기를, '오늘 일은 매우 즐거웠다. 술통에 아직도 술이 남아 있으니, 이 존덕정에 처음 들어온 신하들은 다시 주량대로 다 마시라' 하였다"

창덕궁 후원 소요정 앞에 위치한 소요암. 소요암에는 인조가 쓴 '옥류천' 글씨와 숙종이 직접 지은 어제시가 눈에 들어온다.

는 기록이 보인다.

　정조는 창덕궁 후원에서 경치가 뛰어난 10곳을 선정했다. 정조가 꼽은 절경은 왕이 관풍각에서 논을 경작하는 모습을 지켜보는 '관풍춘경觀豊春耕', 망춘정에서 듣는 꾀꼬리 지저귀는 소리인 '망춘문앵望春聞鶯', 천향각 주변에서 늦은 봄을 즐긴다는 '천향춘만天香春晚', 규장각 어수문 앞 부용지 연못에서의 뱃놀이를 뜻하는 '어수범주魚水泛舟', 소요정 앞에서 흐르는 물에 술잔을 띄우는 '소요유상逍遙流觴', 희우정에서 연꽃을 감상하는 '희우상련喜雨賞蓮', 청심정에서 비 갠 후 바라보는 달의 모습을 묘사한 '청심제월淸心霽月', 관덕정에서 단풍을 구경하는 '관덕풍림觀德楓林', 영화당에서 과거 합격자를 뽑고 시상을 하는 '영화시사暎花試士', 후원의 가장 높은 곳에 자리한 능허정에서 바라보는 눈 내리는 저녁 풍경을 뜻하는 '능허모설凌虛暮雪'로 이를 '상림 10경'이라 했다.

　국가유산청에서는 상림 10경을 보다 널리 알리는 작업을 추진하고 있는데, 필자는 2022년에 현재의 창덕궁과 창경궁 후원에 자리한 10곳을 직접 탐방하면서 이곳의 가치를 다시 살펴보았다. 그동안 여러 번 왔지만, 비공개 지역인 능허정은 처음 찾았다. 후원 깊숙하고도 높은 곳에 위치하여 정조 시대에는 눈 쌓인 궁궐의 모습을 그대로 조망할 수 있을 것 같았다. 어수문 앞 부용지는 정조가 신하들과 술자리를 자주 베풀었던 곳으로, 배를 띄우고 즐겼던 낭만적인 풍경이 그대로 느껴졌다.

　가장 인상 깊은 곳은 소요정으로, 현재에도 소요정 앞으로는 옥류천이 유상곡류流觴曲流(술잔을 두면 빙글 돌아 흘러감) 형태로 지나가고 있다. 소요정 앞 소요암에는 인조가 쓴 '옥류천' 글씨와 숙종이 직접 지은 어제시가 눈에 들어온다. 창덕궁 후원은 해설사들과 함께 설명을 들으며 답사를 할 수 있는 곳들인데, 이곳을 탐방하면서 보물찾기 하듯이 정조가 선정한 상림 10경을 찾아보는 즐거움을 누려보기를 바란다.

# 멋스러운 조경,
# 경복궁 경회루

　새해를 맞이해 가족과 찾아보기 좋은 공간으로 추천하고 싶은 곳은 경복궁, 창덕궁, 덕수궁 등 서울에 소재한 궁궐이다. 그중 경복궁의 경회루慶會樓는 가장 멋스러운 조경을 하고 있는 곳이다. 백악산과 인왕산을 배경으로 풍취를 한껏 드러내며 연못 위에 자리를 잡은 경회루는 새해 달력에도 단골로 등장한다.

　1395년 9월 경복궁이 처음 완성됐을 때는 경회루 건물이 없었다. 정종 시대에 개성으로 옮겼던 수도를 1405년 태종이 한양으로 천도한 후, 경회루 조성을 지시해 1412년에 완성했다. 태종이 경회루를 만든 까닭은 왕과 신하가 함께 만나서 회의도 하고, 회식도 할 수 있는 공간이 필요했기 때문이다. 공사의 총감독은 박자청이 맡았다. 박자청은 누각 주변으로 연못을 파고, 흙을 이용해 가산(정원 따위에 돌을 모아 쌓아서 조그마하게 만든 산)인 아미산을 조성했다.

　누각이 완성되자, 태종의 명으로 하륜이 경회루라고 했다. 이름

경복궁 경회루. 경회루는 1985년 국보로 지정되었으며, 근정전 서북쪽 연못 안에 세운 이 팔작지붕 건물은 나라
의 경사가 있을 때 연회를 베풀기 위한 곳이었다. '루'라는 명칭은 이층건물에 붙인다

을 정한 상황은《경회루기慶會樓記》에 실려 있는데, "대개 왕의 정사
는 사람을 얻는 것을 근본으로 삼는 것이니, 사람을 얻은 뒤에라야
'경회'라 이를 수 있을 것이다. '경회'라는 것은 군신 간에 서로 덕
으로서 만나는 것을 의미한 것"이라 하여 경회루라고 이름을 지은
뜻을 밝히고 있다.

《태종실록》1412년(태종 12) 5월 16일의 기록을 보면, 당시 누각
의 이름 후보로는 경회·납량·승운·과학·소선·척진·기룡 등이 올라
왔다. 태종은 비서실장인 지신사 김여지에게 이를 보이면서, "내
가 이 누각을 지은 것은 중국 사신에게 잔치하거나 위로하는 장소
를 삼고자 한 것이요, 내가 놀거나 편안히 하자는 곳이 아니다. 실
로 모화루慕華樓와 더불어 뜻이 같다. 네가 가서 하륜에게 일러 이

름을 정하여 아뢰어라"는 명을 내렸고, 결국 이름을 경회루로 정했다. 《경회루기》는 하륜이 작성했고, 글씨는 한상경이 썼다. "세자에게 명하여 경회루 편액을 크게 썼다"는 기록을 통해, 처음 편액을 쓴 인물은 양녕대군임을 알 수가 있다.

경회루는 외국 사신의 접견 기능과 왕과 신하가 덕으로 만난다는 취지에 맞게 연회 공간으로 주로 활용됐다. 성종 때 경회루를 방문한 외국 사신은 "경회루 돌기둥에 종횡으로 그림을 새겨서 나는 용의 그림자가 푸른 물결 붉은 연꽃 사이에 보였다 안 보였다 하니 이것이 장관이다"라며 경회루의 경치를 칭송하기도 했다.

경회루를 쾌락의 공간으로 활용한 왕도 있다. 연산군은 경회루에 붉은 비단 장막을 치고 연못에는 각종 배를 띄웠다. 전국에서 뽑혀 온 기생들은 경회루에서 연산군의 흥을 돋우며 춤을 추었다.

"경회루 못가에 만세산萬歲山을 만들고, 산 위에 월궁月宮을 짓고 채색 천을 오려 꽃을 만들었는데, 백화가 산중에 난만하여, 그 사이가 기괴 만상이었다. 그리고 용주龍舟를 만들어 못 위에 띄워놓고, 채색 비단으로 연꽃을 만들었다. 그리고 산호수珊瑚樹도 만들어 못 가운데에 푹 솟게 심었다. 누樓 아래에는 붉은 비단 장막을 치고서 흥청·운평 3,000여 인을 모아 노니, 생황笙簧과 노랫소리가 비등하였다"는 《연산군일기》의 기록은 연산군의 사치와 향락이 극에 달했음을 증언하고 있다. 국고를 마음대로 쓰며 기생과 어울려 방탕한 생활을 하는 연산군의 행태에 대해 백성들은 '흥청망청興淸亡淸'이라는 말로 조롱하기도 했다.

# 정순왕후를 간택한 공간,
# 통명전

면접은 대학의 수시 입학, 기업체 취업 시험, 행정고시 등 공무원 공채에서 합격을 좌우하는 최종 관문이다. 조선시대 왕비 간택에서도, 신부의 인성과 지혜를 평가하는 면접이 중시되었다. 왕이나 왕세자의 혼례가 예정되면, 조정에서는 금혼령을 내리고 적령기 처녀를 대상으로 '처녀단자(나라에 간택령이 내렸을 때 그 후보가 될 만한 문벌이 좋은 처녀의 이름을 써서 올리는 종이)'를 올리게 했다.

일종의 왕비 지원서인 셈이다. 왕비의 자리에 오르는 만큼 전국의 처녀들이 지원서를 올렸을 것으로 생각하지만, 실제 처녀단자를 올리는 응모자는 25~30명 정도에 불과했다. 간택에 필요한 의복이나 가마를 갖추는 것도 부담이었고, 왕비가 되면 집안이 정치적인 폭풍에 휘말릴 여지가 컸던 것도 간택 기피의 이유였다.

대상자를 놓고는 세 차례 간택이 실시되었다. 초간택에서 6명, 재간택에서 3명, 삼간택에서 왕비를 선발했다. 간택에 참가한 처녀들은 같은 조건에서 후보를 뽑는다는 취지에서 똑같은 복장을 했다. 초간택 때는 노랑저고리에 삼회장을 달고 다홍치마를 입었으며, 재간택, 삼간택으로 올라갈수록 옷과 장식은 좀 더 화려해졌다. 1759년 정순왕후는 15세의 나이로 영조의 계비 간택에 참여했다. 간택이 진행된 공간은 창경궁 통명전으로, 통명전은 성종 시대인 1484년에 설치되어 왕비 처소로 활용된 곳이다. 왕실의 잔치도 이곳에서 자주 열렸다.

1759년 6월에 거행된 영조와 정순왕후의 혼례식을 기록한《영조정순왕후가례도감의궤》에 의거하면, 삼간택은 모두 통명전에서 거행하였음이 나타난다. 통명전에서 왕실 어른들이 참관한 상태에서 정순왕후는 면접을 보았다. 먼저 세상에서 가장 깊은 것이 무엇이냐는 질문을 받았다. '산이 깊다', '물이 깊다'고 대답하는 다른

창경궁 통명전. 명정전 서북쪽에 있는 전각으로 왕실 여성들의 침전으로 주로 사용되었다. 서거정(1420~1488)이 이름을 지었으며, '통달하며 밝다'라는 뜻이다. 통명전의 현판은 순조가 직접 쓴 어필이다.

후보와 다르게 정순왕후는 인심人心이라고 답했다. "물건의 깊이는 가히 측량할 수 있지만, 인심은 결코 그 깊이를 잴 수 없다"는 이유까지 밝혔다. 이어서 제일 좋은 꽃을 물어보는 질문에는 목화꽃이라고 답했다. "다른 꽃들은 일시적으로 좋지만 목면은 천하의 사람들을 따뜻하게 해주는 공이 있다"는 것이었다.

면접을 잘 보아서일까? 정순왕후는 결국 영조의 계비가 되었고, 자신이 면접을 보았던 공간인 통명전의 주인이 되었다. 왕실 혼례식은 간택 이후에 행해지는 납채(왕비 책봉 교명문 보내기), 납징(혼례의 징표인 물품 보내기), 고기(날짜 잡기), 책비(왕비 책봉), 친영(왕이 별궁에 가서 친히 왕비를 맞이함), 동뇌(왕과 왕비가 술잔을 주고받는 의식)를 육례六禮라 했는데, 영조와 정순왕후 혼례식의 마지막 의례인 동뇌 역시 통명전에서 거행되었다.

통명전은 정조 시대인 1790년 1월 1일 화재로 인해 소실되었다. 정조는 통명전 화재에 대하여 "이는 불조심을 하지 않은 탓이다. 방房과 난간軒, 옆채(어떤 사물의 양쪽 방향으로 잇달아 있는 집채)를 합해서 모두 1백여 칸이 넘는 것이, 잠깐 사이에 다 타버렸으니 참으로 괴이한 일이다. 임진년의 병화에도 양화당은 우뚝 남아 있었는데, 금번에도 역시 통명전과 가까이 있는 이 양화당에 불이 옮겨붙을 뻔하다가 결국 화재를 면하였으니 이 또한 이상한 일이다. 그때의 불길은 인력으로 잡을 수가 없었던 데다 설날 아침에 화재가 났다는 것은 참으로 경계심을 가질 만한 일이다" 하고 아쉬움을 표현했다.

1820년대에 창덕궁과 창경궁의 모습을 그린 〈동궐도〉에 '통명전터'라 표기된 것도, 당시에는 화재로 소실된 후 건물이 중건되지 않았기 때문이었다. 통명전은 1834년(순조 34) 창경궁의 전각 대부분을 재건할 때 중건되었다.

# 경운궁에서
# 덕수궁으로

　'덕수궁 돌담길' 등으로 잘 알려진 궁궐 덕수궁은 경운궁이라고
도 한다. 조선의 5대 궁궐 중 공식 이름이 둘인 경우는 덕수궁이 유
일하다. 정릉동 행궁에서 경운궁으로 그리고 경운궁에서 덕수궁으
로 이름이 바뀐 사연을 알아본다.

　1592년의 임진왜란은 덕수궁이 궁궐로서 본격적으로 기능을
하게 하는 주요한 계기가 되었다. 임진왜란이 일어나자 의주로 피
난 갔던 선조가 1년 반 만에 한양으로 돌아왔으나, 경복궁, 창덕궁
등 모든 궁궐은 왜군에 의해 불타 없어졌다. 그래서 당시 황화방皇
華坊에 위치한 월산대군 후손의 집과 인근의 민가 여러 채를 합하여
임시 행궁으로 삼고 선조가 머물게 되었다. 월산대군은 성종의 형
으로, 예종 사후 왕위 계승의 1순위에 있었지만 동생인 잘산군이
성종이 되면서 왕이 되지 못한 비운의 인물이었다.

　덕수궁에서 머물던 선조는 이곳에서 승하하고, 뒤를 이어 광해

국가 의식과 조회가 열리던 덕수궁의 정전인 중화전. 덕수궁은 처음 월산대군의 집터였던 것을 임진왜란 이후 선조의 임시거처로 사용되면서 정릉동 행궁으로 불리다가 광해군 때에 경운궁으로 개칭되었다.

군은 이곳에서 즉위식을 올렸다. 광해군은 창덕궁으로 거처를 옮기면서 이전까지 '정릉동 행궁'으로 불리던 현재의 덕수궁을 '경운궁慶運宮'이라 했다. 1623년 인조반정으로 광해군이 머물던 창덕궁을 접수한 반정군은 곧바로 경운궁으로 발길을 돌렸다. 반정의 명분으로 제시했던 '폐모살제廢母殺弟(어머니를 유폐시키고 동생을 죽임)'의 피해자 인목대비가 광해군 때 이곳에 유폐되어 있었기에 반정을 공식적으로 승인받기 위함이었다. 인조는 경운궁에서 인목대비에게 옥새를 넘겨받고 즉위식을 올렸다.

  광해군 이후 280년 남짓 비어 있던 경운궁이 다시 궁궐로서의 면모를 갖추기 시작한 것은 1897년 2월 고종이 이곳에 돌아오면서부터다. 고종은 경운궁을 대한제국의 산실로 삼았다. 1897년 9월 환구단을 조성했고, 10월 12일 환구단에서 황제즉위식을 행하였다. 같은 날 즉조당에서 백관의 하례를 받았으며 국호를 대한으로 했음을 선포했다. 고종이 황제국을 선포함으로써 위상이 높아진 경운궁에는 중화전, 선원전, 홍덕전, 존명당, 보문각, 사성각, 정관헌 등의 건물이 축조되었고 그 경역도 확장되었다. 그러나 일본에 의한 국권침탈이 본격화되면서 경운궁은 불운했던 근대사의 중심 현장으로 전락했다.

1905년 11월 17일 일본의 위협과 압박 속에서 경운궁 중명전에서 을사늑약이 강제로 체결되었다. 고종은 헤이그에서 개최된 만국평화회의에 특사를 보내 무효를 호소했지만 뜻을 이루지 못했다. 오히려 이 사건을 빌미로 일제는 고종을 강제로 황제의 자리에서 물러나게 했다. 고종이 퇴위한 후 궁호가 덕수德壽로 정해지면서, 경운궁은 덕수궁으로 불리게 되었다. 퇴위한 고종에게 그나마 위로가 된 것은 회갑 때인 1912년에 낳은 딸 덕혜옹주였다. 고종은 편전인 준명당浚明堂을 옹주의 유치원으로 활용하게 하는 등 딸에게 온갖 애정을 보이다가, 1919년 1월 21일 함녕전에서 승하했다. 이렇게 덕수궁의 주인도 사라져 버렸다.

덕수궁을 접수한 일제는 1932년 4월부터 덕수궁 내 전각의 수리, 정원의 수축 등을 주도하면서, 덕수궁의 위상은 점점 추락해갔다. 현대에 와서도 영역은 계속 축소되었고 주요한 전각들이 사라졌다. 1959년 이승만 대통령은 길을 정비하면서 덕수궁 돌담을 헐고 밖에서 궁 안이 보이도록 철책으로 설치하라는 지시를 내리기도 했다. 1961년 12월 덕수궁 돌담을 해체하고 철책으로 두르는 공사가 진행되었고, 이와 함께 태평로의 도로 폭이 6미터 확장되면서 대한문은 그 안으로 옮겨졌다. 1968년에는 덕수궁 담을 16미터 뒤로 옮기되 대한문은 그 위치에 둔다는 결정을 내렸고, 결국 덕수궁은 담과 문이 뚝 떨어진 형세가 되었다. 대한문이 고립되자 다시 문제가 되었고, 담을 옮긴 지 1년 반 만에 대한문도 담 위치에 따라 옮겨졌다.

1980년대 이후 덕수궁의 역사적 의미가 부각이 되면서 덕수궁의 옛 모습으로 복구하려는 노력이 시작되었지만, 1986년 덕수궁 부지 일부를 미국대사관으로 넘겨줌으로써 원형의 모습을 찾기에는 한계를 보이고 있다. 선조, 광해군, 인조가 거처했고, 고종이 대한제국의 꿈을 실현시키고자 했던 공간이 제 모습을 찾기 위한 작업은 현재에도 진행되고 있다.

 **덕수궁 가는 길**

지하철 1·2호선 시청역 2번 출구에서 나와 도보 2분 거리에 덕수궁이 있다.

## 2부

# 갈등과 변화의 공간,
# 서울

# 압구정 때문에 추락한
# 한명회

　1980년대에 '모두 이 손안에 있습니다'라는 방송 광고가 유행한 적이 있다. 그 주인공은 조선 최고의 권력가 한명회. 현재 강남의 중심지 중 한 곳인 압구정동이 한명회가 거처한 정자에서 유래하는 것을 아는 사람은 많지 않다. 한명회는 세조를 왕으로 만드는 데 결정적인 역할을 하여 정난공신 1등에 책봉되고, 세조로부터 '나의 제갈량'이란 칭송까지 받았다. 그의 위세는 사위 성종이 왕이 되면서 더욱 커졌다. 최고 권력가로 있던 1476년(성종 7) 한명회는 한강가에 압구정狎鷗亭이란 정자를 지었다. '압구정'이란 이름은 명나라 사신인 예겸이 지어준 것으로서 '압구'는 '갈매기를 가까이 한다'는 뜻이다. 갈매기를 벗하며 유유자적하게 말년을 보내겠다는 뜻을 담고 있다.
　당시 한강가에는 왕실 소유의 정자인 낙천정, 희우정이나 제천정 등만 있었음을 고려하면, 최고의 조망을 가진 곳에 신하의 신분

압구정지 표지석. 한명회의 정자 압구정은 조선 말기에 철거됐고, 현재는 위치를 알리는 표석만 남아 있다.

으로 정자를 건립한 것은 분명 파격이었다. 성종은 압구정이 완성되자 친히 시를 보내주었다. 서거정이 쓴 《사가집》에는 "상당부원군 한공명회韓公明澮가 한강가에 정자를 짓고 편액을 압구라 하였는데, 성화成化 12년인 병신년(1476년, 성종 7) 11월에 상께서 칠언근체시와 칠언절구 각 2수씩을 지어 친히 써서 명회에게 하사하자, 명회가 상께서 하사한 것을 더욱 빛내기 위하여 즉시 이것을 판목에 새겨서 금청색으로 단장하여 삼가 정자의 벽에 걸어 놓고 조석으로 대하여 칭송하고 드날렸다"는 기록이 보인다.

《신증동국여지승람》의 광주목 조항에는, 한림수찬 나경이 압구정을 묘사한 시가 기록되어 있다. "여기에다 이 정자를 지으니 높다랗게 강가에 임했네. 맑고 깨끗함이 침향沈香이 아니라 경치는 하늘의 조화를 앗았네. 맑고 기이함이 산기슭에 비쳤는데, 모래 아득한데 구름과 안개가 둘렸네. 한 길이 대숲으로 들어가니 오가는 수레와 말도 적으며 연기 아득하니 호수가 말고 저자(시장) 머니 사람이 오지 아니하네…"라고 하여, 압구정이 강가에 높다랗게 위치했었고, 압구정 근처에 대숲이 있었다는 것을 보여준다.

그러나 압구정은 한명회의 화려했던 정치 인생에 종지부를 찍는 부메랑이 되어 날아왔다. 1481년(성종 12) 6월의 일이었다. 압구정의 명성이 중국까지 알려지면서 조선을 방문한 사신이 성종을 통해 압구정 관람을 청했다. 이에 한명회는 장소가 좁다는 이유를 들어 거절의 뜻을 보였고, 성종은 아무리 장인이라지만 왕의 뜻을 거역하는 한명회의 태도에 불쾌감을 감추지 않았다. 더구나 한명회는 왕실에서 쓰는 용과 봉황이 새겨진 천막을 사용하게 해준다면 잔치를 벌이겠다는 제안까지 하면서 성종을 더욱 분노하게 했다고 한다.

한명회에 대한 탄핵도 이어졌다. 결국 성종은 제천정에서 잔치를 치르고, 희우정과 제천정을 제외한 정자는 모두 없애겠다는 강경한 선언을 했다. 뒤늦게 한명회가 수습에 나섰지만, 성종은 왕명을 거부한 한명회에 대한 국문(국청에서 형장을 가하여 중죄인을 신문하던 일)을 지시하고 파직시켰다. 최고 권력가의 추락은 이처럼 한순간

이었다. 현재는 압구정동 일대의 아파트촌으로 기억되는 그곳에서
권력의 무상함을 느껴보았으면 한다.

## 압구정터 가는 길

지하철 3호선 압구정역 1번 출구에서 나오면 압구정현대아파트가 보인다. 압구
정현대아파트 5차 72동과 74동 사이에 압구정지 표지석이 있다. 원래 압구정이
위치한 곳에는 올림픽대로가 조성되어, 현재의 위치에 표지석을 세운 것이다. 필
자는 이곳을 볼 때마다 겸재 정선의 그림 '압구정'을 활용하여, 원래 위치에 그림
을 확대해 놓거나, 야간에는 조명을 설치하면 어떨까 하는 생각을 한다.

# 어린이대공원과
# 능동

어린이날이 있는 5월의 맑은 날씨와 밝은 햇살은 어린이와 많이 닮아 있다. 어린이날에 맞추어 1973년 5월 5일에 개장한 서울 능동의 어린이대공원은 그야말로 어린이들에게는 꿈의 공간이었다. 지방에 살던 필자도 초등학교 때 부모님을 조르고 졸라서 이곳을 찾은 경험이 있다.

이렇게 많은 사람들이 찾는 곳이지만 원래 이곳에 왕실의 무덤이 있었던 사실을 아는 사람은 많지 않다. '능동陵洞'이라는 지명이 힌트를 주고 있는데, 원래 이곳에는 조선의 마지막 왕 순종의 첫 번째 왕비인 순명왕후의 무덤이 있었다. 순명왕후는 민태호 (1834~1884)의 딸로, 1882년 2월 11세의 나이로, 2세 연하의 순종의 세자빈으로 들어왔다. 1897년 대한제국이 선포되면서, 순종이 황태자가 되면서 황태자비로 그 지위가 올라갔다.

그러나 순명왕후는 순종이 고종의 뒤를 이어 황제가 되는 것을 지켜보지는 못하고, 1904년 33세의 나이로 경운궁에서 사망했다. 3개월간 장례를 치르고, 1905년 1월 3일 발인하여 1월 4일 양주 용마산 내동에 무덤을 조성했는데, 현재의 어린이대공원 지역이다. 무덤의 명칭을 유강원裕康園이라 한 것은 순명왕후가 황태자비의 신분으로 사망했기 때문이었다. 세자나 세자빈의 무덤은 '능'이라 하지 않고, '원'이라 칭한다. 1907년 순종이 황제로 즉위한 후에는 사후였지만 황제비로서 순명효황후라는 시호를 받았고, 능호는 유릉이 되었다. 능동에 있던 순명왕후의 무덤은 1926년 순종 승하 후에 남양주 금곡으로 옮겨져 순종과 함께 합장되었다.

현재 어린이대공원 정문 옆에는 유강원이 있던 시절에 만들었던 당시의 석물들이 그대로 남아 있다. 순종이 황제의 신분으로 승하하여, 유릉에는 황제릉의 격식에 맞는 석물들이 조성되었는데,

어린이대공원에 남아 있는 유릉의 석물. 원래 유강원이라 했는데 순종이 황제가 되면서 유릉이 되었다.

원래의 석물들은 그대로 둔 것으로 보인다. 이외에도 을지문덕, 박연, 송진우, 이승복, 유관순, 이승훈 등 어린이와 관련이 있는 인물이나 호국보훈의 인물 동상과 관련 표지석이 곳곳에 자리를 잡고 있다.

원래 유강원 자리에는 1968년 서울CC(컨트리 클럽) 골프장이 들어서 있었는데, 이 자리에 어린이를 위한 공원 조성을 지시한 인물은 박정희 대통령이었다. 어린이대공원은 1973년 '동양 최대 규모의 종합 놀이시설'이라는 목표로 조성됐다. 내부에 놀이공원, 동물원, 운동시설 등 다양한 시설을 갖춰 2000년대까지만 해도 연간 1,200만여 명이 찾아오는 서울의 대표적인 놀이시설이었다. 개장과 함께 설치한 놀이기구 '청룡열차'는 어린이대공원을 상징하는 대명사가 되기도 했다.

어린이대공원 정문을 들어서면 바로 좌측에 "어린이는 내일의 주인공, 착하고 씩씩하며 슬기롭게 자라자. 1973년 5월 5일 대통령 박정희"의 대통령 친필을 새긴 기념비가 아직 그 자리를 지키고 있다. 어린이대공원에서 곳곳에 흩어져 있는 유적과 표지석, 동상 등을 찾아보는 작업도 흥미로운 추억이 될 것이다.

# 어린이대공원 가는 길

지하철 7호선 어린이대공원역 1번 출구로 나오면 어린이대공원 정문이 바로 보인다. 지하철 5호선 아차산역 5번 출구로 나오면 어린이대공원 후문이 있다. 인근에 건국대학교와 세종대학교가 있다.

# 남산의 제사와
# 일출

　새해가 되면 많은 사람들이 해돋이 명소를 찾는다. 포항의 호미 곶 해맞이광장, 영덕의 해맞이공원, 강릉 정동진 등과 같이 전국적 명소가 있는가 하면, 서울에도 아차산이나 남산과 같이 일출을 볼 수 있는 명소가 있다. 1392년 10월 조선왕조가 서울에 도읍을 정 하면서, 남산은 주작(남쪽 방위를 맡고 있다는 신을 상징하는 짐승)인 안산 (주산의 맞은편에 있는 산)이 되었다. 남산은 265미터이며, 목멱산, 종 남산, 인경산, 열경산, 마뫼 등으로도 불렸다. 19세기 서울의 궁궐, 관청과 산천의 모습을 기록한 《한경지략》에는 "목멱산은 곧 도성의 남산으로 본명을 인경산引慶山(경사스러운 일들을 끌어들이는 산)이라 한 다. 이를 일컬어 흔히 남산이라 하는데, 마치 달리는 말이 안장을 벗은 형상이고 산마루에는 봉수대가 마련되어 있다"라고 기록하고 있다.

　남산은 백악산, 한강과 더불어 조선의 왕이 산천에 제사를 지내

남산에서 본 일출 모습. 태조가 한양을 도읍으로 정했을 때 남산은 풍수지리설상으로 안산 겸 주작에 해당되는 중요한 산이었다. 한양도성도 백악산, 낙산, 남산, 인왕산의 능선을 따라 축성되었다.

는 주요한 대상이었다. 《태조실록》 1394년 12월 3일의 기록을 보면, "왕은 이르노라! 그대 백악과 목멱산의 신령과 한강과 양진楊津 신령이며 여러 물귀신이여! 대개 옛날부터 도읍을 정하는 자는 반드시 산을 봉하여 진鎭이라 하고, 물을 표하여 기紀라 했다. 그러므로 명산名山 대천大川으로 경내에 있는 것은 상시로 제사를 지내는 법전에 등록한 것이니, 그것은 신령의 도움을 빌고 신령의 도움에 보답하기 때문이다"라고 하여, 1394년 10월 한양에 도읍을 정한 후 산천에 제사를 지낸 모습이 나타난다. 조선 초기는 물론이고, 조선 후기에도 역대 왕들이 삼각산, 목멱산, 한강 등지에 기우제를 지낸 상황은 《조선왕조실록》에서 꾸준히 확인되고 있다. 남산의 정상에

국사당(서낭신을 모신 집)을 설치한 것은 제사의 기능과 관련이 깊다.

어린 시절 남산 기슭에 살던 이항복은 "아침 안개가 남산을 삼키고, 아침 해가 떠오르니 남산을 뱉어내는구나"라는 시를 남겼다. 18세기 진경산수화의 대가 겸재 정선은 1740년(영조 16) 65세의 나이에 양천 현령으로 부임했다. 인왕산 자락에 주로 거처했던 정선은 한강의 남쪽에서 남산을 바라보았고, 남산에서 해가 떠오르는 풍경에 깊은 감동을 받았다. 정선은 이 신기한 사실을 벗이자 시인 이병연에게 알렸다.

이병연은 〈목멱산에서 아침 해가 돋아 오르다〉라는 제목의 시를 지어 보냈다. "새벽빛 한강에 떠오르니/언덕들은 고깃배에 가렸네/아침마다 나와서 우뚝 앉으면/처음 해는 남산에서 올라오네"라는 시에 맞추어 정선은 남산의 일출 풍경을 담은 〈목멱조돈木覓朝暾〉을 그렸다. 정선과 이병연은 '시화환상간詩畫換相看(시와 그림을 맞바꾸며 감상함)'을 서로 약속했는데, 〈목멱조돈〉은 그 진수를 맛볼 수 있는 작품이다. 이 그림에는 남산의 봉우리 중턱에 해가 반쯤 솟아오르면서 붉은빛이 동쪽 하늘에 가득하고, 노을빛이 한강에 반사가 되는 모습이다. 어부들이 고깃배를 몰고 오는 모습은 그림의 우측 하단에 등장한다. 280여 년 전 정선은 남산과 한강을 감상하며 일출의 감동을 화폭에 담았던 것이다.

현재 남산의 정상에는 서울타워라 불리는 방송탑과 팔각정이 있으며, 조선시대 봉화를 올렸던 봉수대도 볼 수 있다. 산의 서쪽 사면에는 남산과학관, 안중근의사기념관과 안중근의 동상, 백범광

장과 김구의 동상, 이황, 황희, 정약용의 동상과 소월시비도 찾아볼
수 있다.

### 남산 가는 길

남산으로 가는 길은 다양한데, 남산타워로 가는 대표적인 방법은 동대입구역 6
번 출구에서 나와 도보 15분 거리에 있는 국립극장 도착 후 도보로 30분 정도 걸
어 팔각정, 남산타워로 갈 수 있다. 지하철 4호선 명동역 3번 출구로 나와 프린스
호텔 오른쪽 길로 15분 정도 도보로 이동하여 남산에 접근하는 방법도 있다.

# 왕을 낳은 후궁을 모신 사당,
## 칠궁

역사 유적지를 많이 답사한 사람들도 잘 모르는 유적지가 서울 한복판, 그것도 대통령의 옛 거처였던 청와대 영빈관 바로 옆에 있다. 현재의 궁정동에 소재한 칠궁七宮이 그곳으로, 칠궁은 조선시대 왕을 낳은 후궁 일곱 명의 신주를 모신 사당이다. '궁'이라는 명칭은 경복궁, 창덕궁처럼 왕의 활동 공간에 사용되지만, 왕이 되기 전에 왕이 머물렀던 거처나 후궁들의 사당에 대해서도 '궁'이라는 명칭을 사용했다.

왕을 낳는 신분은 대개가 왕비이지만, 조선에서는 후궁 신분으로 왕을 낳는 경우도 있었다. 영조의 생모이자 숙종의 후궁인 숙빈 최씨가 대표적이다. 영조는 어머니가 왕비의 신분이 아니라는 이유로 종묘에 그 신주를 모시지 못하는 것을 안타깝게 여기면서 어머니를 사후에 높이는 방법을 생각했다. 결국 현재 청와대가 있는 지역에 어머니의 신주를 모신 사당을 세우고 육상궁毓祥宮이라 했다.

칠궁 중 저경궁과 대빈궁. 칠궁은 조선시대 왕을 낳은 후궁 일곱 명의 신주를 모신 사당이다.

영조가 육상궁을 지은 것이 선례가 되어, 이후 아들이 왕이 된 후궁들의 신주를 모신 사당이 곳곳에 세워졌다. 원종(인조의 생부), 진종(효장세자), 장조(사도세자)처럼 살아서는 왕이 아니었지만, 후대에 왕으로 추숭(왕위에 오르지 못하고 죽은 이에게 임금의 칭호를 주던 일)된 인물 어머니들의 사당도 포함되었다. 선조의 후궁인 인빈 김씨(인조의 부친 원종 생모)를 모신 저경궁, 정빈 이씨(영조의 장자 효장세자 생모)의 연호궁, 영빈 이씨(사도세자의 생모)의 선희궁, 수빈 박씨(순조의 생모)의 경우궁, 귀비 엄씨(영친왕 생모)의 덕안궁과, 경종이 어머니 장희빈을 위해 지은 사당인 대빈궁도 칠궁에 포함되었다.

각 궁은 원래에는 여러 곳에 흩어져 있었다. 경우궁은 안국역 인근 현대빌딩 자리, 선희궁은 서울농학교, 저경궁은 한국은행 자리, 대빈궁은 낙원동 등 각각 다른 곳에 있었는데, 고종 시대에 모두 육상궁 지역으로 옮겨졌다. 1870년 연호궁이 먼저 육상궁에 합사되었다. 연호궁이 영조의 장자 효장세자의 부인 정빈 이씨인 만큼, 시어머니가 되는 숙빈 최씨를 사후에도 잘 모시라는 뜻이 담긴 것으로 보인다. 1908년에는 육상궁과 연호궁이 있는 곳으로 4개의 사당이 옮겨졌고, 1929년 덕안궁이 이곳에 오면서 '칠궁'이라는 명칭이 굳어졌다.

칠궁의 중심에는 육상궁과 연호궁이 합사되어 있고, 서쪽부터 저경궁, 대빈궁, 선희궁, 경우궁, 덕안궁 등 서열이 높은 후궁 순서대로 사당이 배치되어 있다. 출입이 자유롭지 않은 청와대 안에 있었기 때문에 칠궁은 유적의 원형을 지금까지 잘 보존하고 있다. 영조가 육상궁을 조성할 때 세운 재실齋室인 풍월헌, 송죽재, 삼락당을 비롯하여, 휴식을 위한 정자인 냉천정冷泉亭 등의 건물이 현재에도 남아 있다.

영조의 어진이 원형을 유지하고 있는 것은 냉천정과 관련이 깊다. 보물로 지정된 〈영조어진〉은 1900년 화재로 선원전에 모셨던 어진들이 모두 소실된 후, 선원전을 중건하고 다시 어진을 봉안하였다. 이때 육상궁 냉천정에 봉안한 영조의 익선관본 소본을 모사하여 현재에 이르고 있다.

 **칠궁 가는 길**

지하철 3호선 경복궁역 4번 출구로 나와 무궁화동산까지 도보로 20분 이동하면
된다. 칠궁은 담장 하나 차이로 청와대 영빈관 건물 옆에 붙어 있다.

# 왕이 태어난 사저,
# 잠저 이야기

흔히 조선시대 왕들은 궁궐에서 태어났다고 생각하지만, 조선 왕 중에서 상당수는 궁궐 밖의 사저(개인의 저택)에서 태어났다. 사저에서 태어난 후 왕이 되면 이 집에 궁호를 붙여, 어의궁, 창의궁, 용흥궁으로 부른 것이다.

왕의 사저를 잠저潛邸라고도 한다. 세종은 태종이 왕이 되기 이전인 1397년 한양의 북부 준수방에서 태어났다. 현재 서촌 통인시장 근처 사거리에 세종대왕 탄생지를 알리는 표지석을 볼 수 있는데, 세종이 태어난 정확한 위치는 모른다. 다만 준수방이 서촌 지역이고, 서촌에서도 사람들의 눈에 잘 띄는 곳에 표지석을 세워 세종이 이 인근에서 태어났음을 보여주고 있는 것이다. 《세종실록》 총서에는 "처음에 상왕(태종)이 잠저에 있을 적에 원경왕후의 꿈에 태종이 임금을 안고 햇바퀴 가운데 앉아 있어 보이더니, 얼마 안 있어 태종이 왕위에 올랐고, 이에 이르러 임금이 또 왕위를 계승하였

영조의 잠저임을 알려주는 통의동 백송. 영조가 태어난 창의궁 자리는 현재 통의동 일대에 있었다.

다"고 하여 세종이 왕이 될 수밖에 없는 인물임을 강조하고 있다.

인조나 철종, 고종처럼 아버지가 왕이 아닌 경우 궁궐 밖 잠저에서 출생을 하거나 생활을 했다. 어의궁은 중부 경행방(종로구 낙원동)에 있었는데, 인조가 왕이 되기 전에 살았던 잠저였다. 속칭 상어의궁이라 불렀는데, 효종의 잠저인 '하어의궁'과 서로 구분하기 위해서였다.

19세기의 학자 유본예가 기록한 《한경지략》에는 "어의궁은 인조의 잠저이다. 못이 있는데, 이름이 잠룡지潛龍池이다"라 하고 있어서 이곳에 연못이 있었음을 알 수 있다. 하어의궁은 현재의 종로구 연지동에 위치해 있었는데, 왕실의 혼례가 있을 때 왕비 후보가 거처하는 별궁으로 주로 활용했다.

영조의 잠저는 북부 순화방, 현재의 종로구 통의동에 있었다.

영조는 19세가 되던 1712년 창의궁으로 들어간 뒤, 1721년 왕세제(왕위를 이어받을 왕의 아우)가 되어 궁궐로 들어올 때까지 10년을 이곳에서 살았다. 영조가 왕이 된 후 서민을 위한 정책을 펼 수 있었던 데에는 창의궁에서 백성들의 생활상을 직접 목격했기 때문이라는 해석도 있다. 현재 이곳에는 백송이 남아 있어, 영조의 잠저임을 확인시켜 주고 있다.

철종(1831~1863, 재위 1849~1863)은 이광과 염씨의 3남으로 1831년 한양의 경행방(현재의 종로 낙원동 부근)에서 태어났다. 초명은 원범元範이며, 후에 변昪으로 고쳤다. 왕실의 후손이기는 했지만, 철종의 유년은 불우했다. 조부인 은언군이 역모죄에 연루되어 강화도에 유배되었기 때문이다. 철종의 불운은 헌종 시대에도 계속되었다. 첫째 형인 원경(화평군)이 1844년(헌종 10) 민진용의 역모 사건에 연루되어 처형되었고, 둘째 형인 경응과 자신을 포함한 집안 모두가 강화도로 유배된 것이었다. 조부 때부터 이어진 강화도로의 유배가 손자인 철종에게도 이어진 것이었다.

철종은 14세 때 교동도로 갔다가 다시 강화도로 옮겨졌고, 이때 강화도에서 철종이 살았던 집이 현재 강화읍에 남아 있다. 원래는 초가였는데, 1853년 강화 유수 정기세가 왕의 잠저에 걸맞는 현재 형태의 집을 짓고 용흥궁이라 부르게 되었다. 1903년(광무 7)에는 청안군 이재순이 중건했다. 철종이 왕이 된 후 '용이 흥기한 집'이라는 뜻으로, 용흥궁龍興宮이라 하였다. 용흥궁은 궁궐 안에 민가의 형태로 지은 창덕궁의 연경당이나, 낙선재와 같은 형태를 띠고 있다.

현재 남아 있는 건물은 잠저구기비각 1동, 내전 1동, 외전 1동, 별전 1동 등이다. 용흥궁 일대는 고려시대에는 궁궐이, 조선시대에는 행궁과 외규장각이 들어섰던 곳으로 강화도에서는 중심지였다.

 **창의궁 터 가는 길**

지하철 3호선 경복궁역 3번 출구로 나와 100미터 정도 직진하여 오른쪽 골목길로 접어드는 거리에 창의궁 터가 있다. 조선 후기에 청나라에서 가져와 심었다는 백송은 이곳이 창의궁임을 증명해주고 있다.

# 문정왕후와
# 봉은사

음력 4월 8일은 부처님 오신 날이다. 부처님 오신 날은 1975년부터 법정공휴일로 지정되었다. 성리학을 국가 이념으로 삼은 조선시대에는 전반적으로 불교가 탄압을 받았다. 그러나 이러한 탄압 속에서도 불교는 그 명맥을 유지할 수 있었는데. 조선시대 불교 중흥에 가장 힘을 기울인 인물은 문정왕후다. 1517년 중종의 계비로 왕비가 된 문정왕후는 1545년 11월 그녀의 아들 명종이 왕이 되면서 본격적으로 정치활동을 하게 된다. 명종은 12살의 나이로 왕이 되었기에 왕실의 관례상 성인이 되는 20세까지 대비가 수렴청정을 했다. 문정왕후는 수렴청정 기간은 물론이고, 사망할 때까지 권력의 중심에 있었다.

문정왕후가 가장 역점을 둔 것은 불교의 중흥이었다. 승려 보우를 등용했고, 1550년 12월에는 친서를 내려 선종과 교종 양종의 복립을 명했다. 그리고 봉은사를 선종의 본사로, 봉선사를 교종의 본

봉은사. 봉은사는 중종의 계비였던 문정왕후와 인연이 깊다. 명종이 어린 나이에 왕위에 오르자 문정왕후는 섭정을 하게 되는데 이때 절대적인 영향력을 가졌던 문정왕후는 폐지된 승과제도를 부활시켜 봉은사에서 승려를 뽑는 승과고시를 치르게 했다.

사로 삼았다. 사찰이 일방적으로 빼앗겼던 토지를 반환받게 하고, 연산군 때 폐지되었던 승과(승려에게 법계를 주기 위하여 보이던 과거)제도까지 부활시켰다. 성리학 이념 국가를 지향한 사회의 흐름을 정면으로 거스른 정책이었던 만큼 신하들의 반대는 물론이고 성균관 유생들까지 나서 동맹휴학으로 저항했다. 그러나 문정왕후는 흔들리지 않았다.

1565년 4월 문정왕후는 13세로 요절한 손자 순회세자의 명복을 빌어주기 위해 양주 회암사를 중창(낡은 건물을 헐거나 고쳐서 다시 지음)하고, 이를 기념하는 무차無遮 대회를 열었다. 당시 사관들은 "이때 세자를 갓 잃자 요승 보우가 복을 기원해야 한다는 말을 떠벌여 무차 대회를 베풀기를 청했는데, 자전慈殿이 그 말에 혹하여 그대로 따랐다. 승려들이 사방에서 모여들어 몇 천 명이나 되는지 모를 정도였으며, 조각 장식의 물건을 극도로 화려하고 사치스럽게 하여 옛날에도 보지 못하던 정도였다. 또 붉은 비단으로 깃발을 만들고 황금으로 연(임금이 타는 수레)을 꾸미고 앞뒤로 북을 치고 피리를 불어 대가(임금이 타던 수레)가 친히 임어하는 상황처럼 베풀었으며, 또 배위(의식을 행할 때 규례에 따라 정하는, 절하는 자리)를 마련하여 마치 상이 부처에게 배례하게 하는 것처럼 하였으니, 그 흉패함을 형언할 수 없었다"고 하여 문정왕후의 불교중흥 정책을 신랄하게 비난했다.

왕을 뒷전으로 몰고 적극적으로 정치에 관여하면서 불교중흥 정책을 펼쳤던 문정왕후도 세월의 벽은 넘지 못했다. 1565년(명종 20) 4월 창덕궁 소덕당에서 65세를 일기로 사망한 문정왕후가 임종 직전 한글로 남긴 유교에는 불교에 대한 확고한 신념이 잘 나타나 있다.

"석도(불교와 도교)는 이단이기는 하지만 조종조 이래로부터 다 있어 왔고, 양종(조계종과 천태종을 아울러 이르는 말)은 역시 국가가 승도(승려의 무리)들을 통령(일체를 통할하여 거느림)하기 위하여 설립한 것이오. 승도들이 비록 쓸데없는 것이라고는 하나 조정에서는 모름지기 내 뜻을 체득하여 끝까지 옛날 그대로 보존하도록 하는 것이 좋겠소. 옛사람 말에 '평상시에는 불도를 섬길 수 없지만 부모에게 간하여도 만일 고치지 않으면 그대로 따랐다' 하였으니, 주상이 이단을 금지 억제하더라도 조정에서는 모름지기 내 뜻을 따르오"라는 유언이었다.

문정왕후의 권력이 정점에 이르렀던 시기에 그녀는 보우와 의논하여 현재의 서삼릉에 있던 중종의 왕릉을 성종의 무덤이 있는 선릉 부근으로 전격적으로 옮겼다. 조선의 왕릉 중에서 서울 강남 한복판에 자리를 잡은 왕릉이 성종과 정현왕후의 왕릉인 선릉과 중종의 왕릉인 정릉이다. 현재 지하철 2호선의 역명 '선릉'과 9호선의 역명 '선정릉'은 바로 두 왕의 무덤에서 그 이름이 유래한 것이다.

1494년 성종이 승하한 후 연산군은 경기도 광주부 서면 학당리에 무덤을 조성하고, 선릉이라 했다. 1530년에는 성종의 계비인 정현왕후가 성종의 무덤 곁에 묻혔다. 1544년 중종이 승하한 후 처음 묻힌 곳은 경기도 고양시 현재의 서삼릉이 위치한 곳이다. 중종의 계비 장경왕후가 이곳에 묻혀 있어서, 중종도 곁에 모신 것이다.

명종이 왕으로 있던 시절 중종의 두 번째 계비였던 문정왕후는 아들 명종을 움직여, 중종의 무덤을 현재의 강남구 지역으로 옮기게 했다. 명분은 중종의 무덤이 아버지 무덤 선릉 곁으로 가야 한다는 것이었지만, 문정왕후 자신이 사후에 남편과 함께 묻히고 싶다는 생각이 컸다. 문정왕후는 봉은사를 중창하고, 선릉과 정릉의 원찰(죽은 사람의 명복을 빌던 법당)로 삼기도 했다.

중종의 무덤은 옮겨졌지만, 문정왕후는 승하 후 그 옆에 묻히를 못했다. 정릉은 지대가 낮아 홍수 때 재실까지 물이 차서 신하들이 무덤을 쓰는 것을 강하게 반대했기 때문이다. 1565년 문정왕후 사망 후 무덤은 현재의 서울시 노원구 태릉에 조성되었다. 중종의 정릉과 영원히 명복을 빌어줄 봉은사 곁에 묻히려던 그녀의 꿈은 이루어지지 않게 된 것이다. '태릉선수촌', '태릉갈비'의 명칭은 문정왕후의 능인 태릉에서 유래한 것이다.

그나마 아들 명종의 강릉이 태릉 옆에 조성되어 사후에도 어머니의 곁을 지키게 되었지만 1966년에 태릉과 강릉 사이에 태릉선수촌이 조성되면서 두 모자가 서로 볼 수 없게 하였다. 2016년 태릉선수촌이 충북 진천으로 이전하면서 문정왕후와 명종 모자는 이제 서로를 마주하게 되었지만, 중종은 여전히 강남 한복판에 홀로 묻혀 있다. 서울 강남의 최대 중심지에 자리를 잡은 봉은사는 16세기 중반 문정왕후가 보우와 함께 불교중흥의 꽃을 피우려했던 대표적 공간이었다.

## 봉은사 가는 길

지하철 9호선 봉은사역 1번 출구로 나오면 바로 봉은사가 있다. 봉은사의 판전板殿은 추사 김정희의 친필 글씨다.

# 삼전도의 굴욕과
# 삼전도비

조선의 역사에서 가장 추웠던 겨울은 언제일까? 1636년 12월에 일어난 병자호란에서 패배한 후 청의 요구로 항복을 상징하는 비석을 세웠던 1637년 2월은 정서적으로도 가장 추웠던 겨울이었다. 조선의 왕이 오랑캐의 황제에게 항복하면서 받은 자존심의 상처는 눈발의 강추위보다 더 차갑게 다가왔을 것이다. 1637년 1월 30일 인조는 청 태종 앞에서 굴욕적인 항복 의식을 치루었다. 세 번 절하고 아홉 번 머리를 두드리는 '삼배구고두례三拜九叩頭禮'였다. 당시의 참혹했던 상황은 《승정원일기》1637년(인조 15) 1월 30일의 기록에 고스란히 남아 있다.

"우리나라 시신(임금 옆에 가까이 모시는 신하)에게는 단 아래 동쪽 모퉁이에 자리를 주었고, 강도에서 잡혀 온 신하는 단 아래의 서쪽 모퉁이에 앉게 하고서 차 한 잔을 올렸다. 얼마 뒤 갑자기 일어나 단을 내려가 오줌을 누었으므로 상 또한 일어나 단을 내려가 진 밖의 동쪽 모퉁이로 나가서 휴식하였다. 황제가 단상에 돌아와 앉고서 상이 다시 자리로 들어와 앉기를 청하였다. 용골대를 시켜 우리나라의 여러 시신들에게 고하기를, '이제는 두 나라가 한집안이 되었다. 활 쏘는 솜씨를 보고 싶으니 각각 재주를 다하도록 하라" 하니, 여러 종관(임금을 수행하던 벼슬아치)들이 답하기를, '이곳에 온 자들은 모두가 문관이므로 활쏘기를 잘하지 못합니다' 하였다. … 술이 세 순 돌자, 상을 치우도록 명하였다. 상을 치우려 할 때 종호(청나라의 수행원) 두 사람이 각각 큰 개를 끌고 와서 황제의 앞에 이르렀다. 황제가 직접 고기를 베어 개 앞에 던져 주자 고기가 땅에 떨어지기도 전에 개가 곧바로 받아먹곤 하였는데, 저들은 그것을 묘기로 여겼다. 두 종호가 개를 끌고 내려갔다. 얼마 후 상이 인사를 하고 단을 내려갈 것을 청하였다."

청나라 태종이 의례 중에 행한 소변 사건이나, 개들에게 고기를 던져 주는 모습은 인조나 신하들에게는 더욱 참담한 굴욕으로 받아들여졌을 것이다. 조선의 의복 제도에 맞지 않은 초피구를 받아들고 억지로 사례해야 하는 상황도 아픔으로 기억되었을 것이다.

인조의 항복을 받은 청 태종의 공적을 찬양하는 비석을 세우게 했다. 비석의 문장을 누가 쓸 것인가부터 많은 논란이 따랐다. 청의 황제를 찬양하는 글귀를 쓰고 싶은 신하가 나타나지 않았기 때문이다. 다급해진 인조는 당대의 문장가 이경석, 장유, 이희일에게 비문의 찬술을 명했고, 비문을 검토한 인조는 이경석과 장유의 글을 청나라로 보냈다. 두 편의 비문을 검토한 청나라는 이경석의 글

삼전도비. 1636년(인조 14) 청나라가 쳐들어온 병자호란 때 조선이 패배하고 굴욕적인 강화협정을 맺은 후 1639년 청나라의 강요에 따라 세운 비석이다. 원래의 명칭은 '대청황제공덕비'다.

을 채택하고 소략한 부분의 보충을 지시했다. 이경석은 국가의 안위를 생각하여 청의 비위에 맞게 비문을 다시 찬술했지만, 크게 자책했다고 한다. 이경석은 이 글을 썼다는 이유로 훗날 큰 비판을 받아야만 했다.

비석의 정식 명칭은 '대청황제공덕비大淸皇帝功德碑'로서 전서(전자체로 쓴 글씨)로 쓰여 있다. 삼전도에 설치하여 '삼전도비'라고도 부른다. 높이 395센티미터, 너비 140센티미터이며 이수(뿔 없는 용의 서린 모양을 아로 새긴 형상)와 귀부(거북 모양으로 만든 비석의 받침돌)를 갖춘 대형 비석이다. 비의 앞면 오른쪽에는 만주(여진) 문자, 왼쪽에는 몽골 문자, 뒷면은 한문을 새겼다. 삼전도비는 청일전쟁 이후인

1895년 고종의 명으로 쓰러뜨렸으나, 일제강점기인 1913년에 다시 그 자리에 세워졌다. 1956년에는 문교부의 주도로 땅속에 묻는 등 비석의 수난은 이어졌다. 1963년의 홍수로 비석의 모습이 드러나자, 정부에서는 삼전도비를 반성의 역사로 삼자는 의미에서 원래 위치했던 곳 근처인 석촌동으로 옮겼다. 현재의 위치인 석촌호수 쪽으로 옮긴 것은 2010년이다. 삼전도비는 우리의 자존심에 큰 상처를 주고 있음이 분명하지만, 한편으로는 명분만을 내걸고 치루는 잘못된 전쟁이 얼마나 위험한지를 생생하게 기억시켜 주고 있다.

## 삼전도비 가는 길

지하철 2호선 잠실역 3번 출구로 나와 석촌호수 방향으로 직진하면 삼전도비가 나온다. 한때 주변의 놀이터 내에 위치해 있다가, 2010년 4월 고증을 거쳐 최초의 위치인 석촌호수 서호 언덕으로 옮겨졌다.

# 정동의
# 러시아공사관

　1896년 2월 고종은 경복궁 건청궁에서 현재 중구 정동에 위치해 있는 러시아공사관으로 피신을 했다. 고종의 피신에는 을미사변이 큰 계기가 되었다.

　1895년 10월 경복궁의 건청궁에서 명성황후가 시해당하면서, 한반도에서 일본의 우위는 절대적이 되었다. 친일세력이 득세하고 왕에 대한 위협도 커지자 고종은 경복궁을 벗어나고자 했다. 1895년 11월 친미파, 친러파 관리들이 중심이 되어, 고종을 미국 공사관에 피신시켜 친일정권을 무너뜨리려 했다. 이 사건은 춘생문을 통해 피신하려 했다고 하여, '춘생문 사건'이라 하는데, 내부의 밀고로 미수에 그쳤다. 이후에도 고종의 파천 시도는 이어졌고, 1896년 2월 11일, 러시아공사관으로 거처를 옮기는 데 성공했다.

　공사관 건물은 러시아 출신 건축가 사바틴이 건축했다. 사바틴은 1883년 인천해관의 직원으로 조선에 들어와 1904년까지 궁궐과 정동 일대 근대 건축물 등의 설계와 공사에 참여했는데, 공사관 건축에도 참여한 것이다. 건물은 지하 1층, 지상 1층의 건물과 3층의 탑으로 이루어져 있었으며, 석재와 벽돌을 사용했다.

1894년 조선을 방문한 후, 1898년 《조선과 그 이웃 나라들》을 저술한 영국인 이사벨라 버드 비숍은 "다른 높은 언덕은 러시아공사관이 차지하고 있었고 그 높은 탑과 화려한 정문은 이 도시에서 매우 이채로운 물건이었다"고 서술하여 러시아공사관이 매우 이국적인 형태의 건물이었음을 기록하고 있다. 현재에도 3층탑의 일부가 정동에 남아 있어, 당시 러시아공사관의 규모를 짐작할 수 있게한다.

옛 러시아공사관. 한러수호조약이 체결된 1885년에 착공되어 1890년 준공되었다. 이 건물은 경복궁과 경운궁 등 서울 4대문 안을 내려다볼 수 있는 정동의 고지대에 위치해 있다.

러시아공사관에서 1년여를 보낸 후인 1897년 2월 20일 고종은 경운궁(덕수궁의 옛 명칭)으로 환궁했다. 일본의 세력이 여전한 경복궁이나 창덕궁보다는 러시아, 미국, 영국 등 외국의 공사관이 주변에 있는 경운궁이 가장 안전하다고 판단했기 때문이었다. 2016년 아관파천 120주년을 맞아 고종의 피난길에 대한 복원 사업이 시작되었고, 2018년 10월부터는 '고종의 길' 정식 개방이 이루어져서 대한제국과 관련된 현장들을 직접 찾아볼 수 있도록 했다.

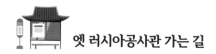

### 옛 러시아공사관 가는 길

지하철 1호선 시청역 1번 출구로 나와 직진하여 덕수궁 돌담길을 끼고 걸어가면 예원학교 바로 뒤편에 러시아공사관이 나온다.

# 새해 왕들이 찾은 곳,
# 종묘

조선시대 왕실의 최대 존엄을 보여주는 공간인 종묘는 왕이 거처하는 궁궐보다도 더 존엄을 상징하는 공간이었다. 종묘는 새해를 맞이하여 왕들이 찾아 선조에게 인사를 드리는 곳이기도 했다. 1763년(영조 39) 《승정원일기》 1월 1일 기록에는 새해 첫날 영조가 선대왕과 왕비의 위패가 모셔진 종묘에 거둥했던 모습이 나타나기도 한다.

영조는 진시(오전 7~9시)에 종묘로 향했고, 이 행차에는 승정원의 비서들과 사관들이 수행했다. 종묘 참배에 이어 영조가 찾은 곳은 생모 숙빈 최씨를 모신 육상궁이었다. 후궁은 왕의 어머니일지라도 종묘에 모시지 않았기 때문이다.

종묘는 태묘라고도 하는데, 정전과 영녕전으로 구성되었다. 처음 태조의 4대조(목조, 익조, 도조, 환조)를 모셨다가, 이후 왕이 승하하면 그 왕과 왕비의 신주를 모시는 방식이었다. 그러다가 1421년(세

종묘 정전. 조선 왕조의 역대 국왕들과 왕후들의 신주를 모시고 제례를 봉행하는 유교 종묘 제도상의 묘로, 대한민국 사적 및 유네스코 세계문화유산으로 지정되어 있다.

종 3) 정종의 신주를 종묘에 모실 때 태실(역대 임금과 왕비의 위패를 모시던 왕실의 사당)이 부족하므로, 정전과는 별도의 사당인 별묘를 건립했는데 이것이 영녕전이다. 영녕전에는 태조의 4대조를 옮겨 모신 이후, 4대가 끝난 왕과 왕비들을 모셔왔다.

그런데 태조는 물론이고, 태종, 세종, 세조처럼 공적이 많은 왕의 신주는 차마 정전이 아닌 영녕전으로 옮길 수 없었다. 결국 불천위(큰 공훈이 있어 영원히 사당에 모시기를 나라에서 허락한 신위)라 하여 정전에 그대로 모셨고, 서쪽부터 태조, 태종, 세종, 세조, 성종, 중종, 선조, 인조, 효종, 현종, 숙종, 영조, 정조, 순조 등 불천위 14위와 문조(효명세자), 헌종, 철종, 고종, 순종 등 총 19위의 신위가 모셔져 있다.

문조부터 고종은 순종의 4대조가 된다. 영녕전은 중앙에 태조의 4대조와 왕비의 신주를 모셨으며, 서쪽부터 정종, 문종, 단종, 덕종(의경세자), 예종, 인종, 명종, 원종(인조의 아버지), 경종, 진종(효장세자), 장조(사도세자), 영친왕의 신위를 모셨다.

정전과 영녕전에 따로 배향된 왕의 모습에서, 조선시대에도 왕의 업적을 냉정하게 평가한 시대상이 확인된다. 정전은 국보, 영녕전은 보물로 지정되었으며, 종묘 전체는 소박하면서도 장엄한 건축의 멋을 인정받아 1995년 유네스코 세계유산으로 등재되었다.

### 종묘 가는 길

지하철 1호선 종로3가역 11번 출구로 나와 도보로 3분 거리에 종묘가 있다. 종묘 입구를 들어서면 망묘루와 공신당을 볼 수 있고, 조금 안쪽으로 들어가면 정전과 영녕전을 만날 수 있다. 2022년 '창경궁-종묘 연결 역사복원사업'으로 일제가 없애버린 창경궁과 종묘 사이 궁궐 담장과 왕이 비공식적으로 종묘를 찾아가던 북신문을 최대한 원형을 살려 복원했다. 2022년 10월부터 창경궁을 통해서도 종묘로 갈 수 있다.

# 한양도성을 걷는
# 즐거움

    1392년 7월 17일 조선을 건국한 태조는 1394년 10월 수도를 개성에서 한양으로 옮겼다. 새 도읍지가 된 한양에서는 궁궐을 조성하고, 종묘와 사직을 정비하는 일과 함께 도성을 쌓는 일도 본격적으로 추진되었다. 1396년 한양의 동서남북으로 네 개의 산, 낙산(125미터), 인왕산(338미터), 남산(265미터), 백악산(342미터)을 연결하는 방식이었다.

    《조선왕조실록》에는 처음 도성을 축성했던 상황이 보인다. 1395년(태조 4) 윤9월 태조는 도성의 터를 순시한 후 정도전에게 성터를 정할 것을 명했다. 1396년 1월에는 경상도, 전라도, 강원도와 서북면의 안주 이남과 동북면의 함주 이남의 평범한 민정民丁 11만 8,070여 명을 징발하여 처음으로 도성을 쌓게 했다. 이때 각 지역에서 올라온 장정들이 쌓을 구역을 정했는데, 천자문의 순서대로 번호를 매기고 있다. 백악의 동쪽부터 천자天字로 시작하여, 시계방향으로 번호를 매겨 서쪽 끝은 조자弔字로 끝나고 있다. 총 97개의 구역으로 나누어 축성 공사를 했음이 확인되는 것이다.

　태조 때 그 원형을 갖춘 한양도성은 1398년 정종의 즉위 후 개성으로 도읍을 옮기면서 한동안 방치되어 있었다. 태조 이후 도성 수축을 지휘한 인물은 세종이었다. 1421년(세종 3) 12월 10일 세종은 우의정 정탁을 도성 수축의 책임자로 임명하고. 무너진 곳 2만 8,487척을 수축했다. 태조 때는 참여하지 않았던 경기도와 충청도까지 포함하여 전국에서 장정을 징발했다. 총 32만여 명의 장정과 함께 기술자에 해당하는 공장工匠의 경우도 2,000여 명이 참여했다는 것을 알 수 있다.

한양도성. 조선시대 수도였던 한양의 도심부를 둘러싼 성곽과 문을 지칭하는 도성이다. 넓은 의미로는 성곽과 그 안의 공간을 말하며 줄여서 한성으로 불렸다. 1396년 태조에 의해 일차적으로 완공되었고, 세종, 숙종, 순조 시기에 보수 공사를 거쳤다. 현재 총길이 18,627미터다.

조선 후기에 와서는 숙종 때와 순조 때에 대대적인 수축 작업이 이루어졌고, 규격이 서로 다른 돌의 형태를 통해 시대별 도성 수축의 현황을 파악할 수 있다. 2022년 5월 청와대 전면 개방으로 청와대 뒤편의 백악산을 통해서도 이제 한양도성을 만날 수 있게 되었다. 한양도성이 있는 낙산공원 등에 올라서면, 네 개의 산으로 둘러싸인 서울의 모습이 한눈에 들어온다. 조선시대 역사와 문화가 현재까지 이어지고 있는 대표적인 공간인 한양도성을 거닐며, 서울의 과거와 현재를 감상해보기 바란다.

 **한양도성 가는 길**

지하철 4호선 동대문역 1번 출구로 나와 도보로 5분 거리에 한양도성이 있다. 이곳으로 가면 한양도성박물관도 이용할 수 있다. 이외에도 혜화역 2번 출구에서 내려 낙산공원으로 가는 길, 창의문 옆으로 가는 길, 동대입구역에서 내려 국립극장으로 거쳐 남산 쪽으로 가는 길 등 한양도성을 가는 방법은 다양하다.

# 서울 북촌의 품에 있었던
# 고등학교들

　조선시대 북촌은 양반들이나 고관들이 주로 거주했던 공간이었다. 경복궁과 창덕궁 사이에 위치하면서 관청이 밀집해 있던 육조 거리(현재의 광화문 광장)와 인근에 시전(시장 거리의 가게)이 형성되어 거주에 적합한 곳이었다. 북촌의 좋은 입지는 현대에도 이어졌고, 서울의 주요 학교들이 이곳에 자리 잡게 되었다. 경기고, 경기여고, 휘문고, 중동고, 창덕여고, 풍문여고 등 북촌에 있었던 학교들은 1970년대에 들어와 정부의 강남 이전 정책이 추진되면서, 중앙고와 덕성여고를 제외하고는 대부분 강남으로 옮겨졌다.

　1900년 한성관립중학교로 개교한 경기고는 경성제일공립보통학교, 경기공립중학교로 명칭이 바뀌었고, 1976년 강남구 삼성동으로 이전했다. 경기고가 있던 자리에는 정독도서관이 들어섰는데, 정독도서관 앞에는 성삼문의 집터, 광해군 때 화기도감이 있었음을 알리는 표지석이 보인다. 1906년 종로구 원서동에 설립한 휘

북촌 재동 헌법재판소. 현재 헌법재판소 자리에는 천연기념물 백송뿐 아니라 박규수의 집터와 제중원 표석도 함께 찾아볼 수 있다. 박규수는 《열하일기》의 저자이자 북학파 학자인 박지원의 손자로 담 하나 너머가 갑신정변의 주역인 홍영식의 집이기도 했다.

문고등학교 자리는 정조의 후궁인 수빈 박씨의 사당인 경우궁이 있었던 자리였는데, 현재는 현대그룹 본사가 들어서 있다. 현재 북촌 재동 헌법재판소가 위치한 곳은 1908년에는 한성관립여학교가 들어섰던 곳이고, 이는 1938년 경기공립고등여학교로 개칭되었다. 이 학교가 현재의 경기여고다.

경기여고는 1945년 미국대사관 옆 정동으로, 1988년 강남구 개포동으로 이전했다. 경기여고가 이전한 후 이곳에는 창덕여고가 자리를 잡았는데, 창덕여고는 1989년 송파구 방이동으로 이전했다. 헌법재판소 자리에는 천연기념물 백송과 조선 후기 실학자 박지원의 손자 박규수와 개화파 정치인 홍영식의 집터 표지석이 있다. 1885년에 설립된 최초의 병원 제중원도 이곳에 있었다.

최근까지 감고당길에 위치했던 풍문여고가 2017년 강남구 자곡동으로 이전하여 풍문고등학교로 바뀌었다. 풍문여고가 있던 곳에는 2021년 서울공예박물관이 자리를 잡았다. 현재에도 북촌에 위치한 중앙고등학교는 3·1 운동과 관련이 깊다. 동경유학생 송계백이 중앙고를 찾아와 2·8 독립선언서 초안을 전달함으로써, 3·1 운동의 도화선이 된 곳이 중앙고였다. 북촌이 품고 있던 고등학교의 역사와 이곳의 현재 모습을 비교해보기 바란다.

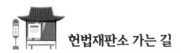

## 헌법재판소 가는 길

지하철 3호선 안국역 2번 출구로 나와 도보로 3분 거리에 헌법재판소가 있다. 2024년 12월 3일 대통령의 비상계엄 선포와 이어진 대통령 탄핵 사태로 2025년 헌법재판소 앞은 시위대가 가장 몰리는 곳이 되기도 했다.

# 봉화의 종착지,
# 남산 봉수대

 

서울이 조선의 수도로 결정된 데에는 도시의 외곽을 둘러싼 네 개의 산이 있는 것이 결정적이었다. 서울을 동서남북으로 감싸고 있는 낙산, 인왕산, 남산, 백악산은 전통시대에는 국방상의 요충지로, 현재는 서울을 대표하는 관광자원으로 자리를 잡고 있다.

특히 남산은 도심의 한복판에 위치해 있어서, 서울을 조망하기에 최적의 장소가 된다. 조선시대까지 남산은 군사 기지로서 중요한 역할을 하고 있다. 그 흔적은 현재 남산타워 바로 앞에 복원되어 있는 봉수대烽燧臺에서 찾을 수 있다. 봉수대는 '봉화를 피우는 대'라는 뜻으로 군사적으로 위급한 상황이 발생하면 전국 곳곳에 배치되어 있는 봉수대를 통해 왕이 있는 서울까지 전달되게 했다.

봉수제도는 높은 산에 올라가서 불과 연기를 이용하여 신호를 전달하는 수단으로, 다섯 개의 대를 설치하여 표시하도록 했다. 평상시에는 1개, 적이 나타나면 2개, 적이 국경 근처에 나타나면 3개,

남산 봉수대. 1993년 서울특별시 기념물로 지정되었으며, 조선시대 전국 각지의 경보를 병조에 종합 보고하는 중앙 봉수소의 역할을 수행한 제일 중요한 봉수였다. 남산 이외에 봉수대가 가장 잘 남아 있는 곳은 수원 화성의 봉돈이다.

적이 국경을 넘어오면 4개, 적과 교전이 벌어지면 5개의 봉화를 올리는 방식이었다.

전국에 설치된 봉수 시스템은 크게 5곳으로 전해졌다. 1봉수는 함경도에서 강원도를 거쳐 아차산으로, 2봉수는 경상도에서 충청도를 거쳐 경기도 광주 천심산으로, 3봉수는 평안도 강계에서 황해도를 거쳐, 서울의 무악 동봉으로, 4봉수는 평안도 의주에서 황해도 해안을 거쳐 서울의 무악 서봉으로, 5봉수는 전라도에서 충청도와 양천 개화산 거쳐 남산에 도착했다.

조선 전역의 국경 지역에서 봉화가 올라오면 최종적으로 서울의 무악산과 남산에서 받게 되었다. 봉수제도는 19세기 후반 전신과 전화 등 근대 문물이 봉화를 대체하면서 역사 속으로 사라지게 되었다. 현재의 남산 봉수대는 원래 봉수대가 있었던 터에 복원한 것이다. 정조 시대에 건설된 수원 화성에서도 봉수시설을 볼 수 있는데 봉돈烽墩이 그것이다. 화성의 봉돈 역시 남산의 봉수대처럼 다섯 개의 봉화대가 설치되어 있다.

# 왕실 혼례식의 현장,
# 어의궁

봄이 되면 특히 주변에 결혼식을 알리는 소식들이 전해진다. 조선시대 왕실 결혼식에는 여섯 가지의 예법이 있었다. 납채, 납징, 고기, 책비, 친영, 동뢰 의식이 그것이다. 이중에서 가장 중요한 의식은 친영親迎으로 오늘날 예식장에서 거행되는 결혼식 장면과 유사하다. 조선시대 왕실에서는 10대 초반에 혼인을 하여, 대부분은 세자의 지위에서 세자빈을 맞이했다. 왕이 혼인을 하는 경우는 보통 계비를 맞이하게 될 때였다.

왕비로 간택이 되면, 별궁別宮에서 미리 왕비 수업을 받게 했다. 조선시대 별궁으로 가장 많이 활용된 곳은 효종의 잠저(왕이 되기 전에 살았던 곳)인 어의궁於義宮이었다. 19세기 서울의 연혁과 관청, 풍속 등을 기록한 《한경지략》에는 "상어의궁은 인조의 잠저인데 잠룡潛龍이라는 이름의 연못이 있고, 용흥궁은 동부 숭교방에 있는데 보통 하어의궁下於義宮이라고 한다"라고 기록하고 있다. 조선 후기에

효종의 잠저이자 왕실의 가례를 거행하던 어의궁 터 표지석. 잠저란 국왕의 장자로 태어나 왕세자가 된 것이 아니라 다른 방법이나 사정으로 임금으로 추대된 사람이 왕위에 오르기 전에 살던 집을 일컫는 말이다.

오면 어의궁은 곧 하어의궁을 지칭했고, 어의동별궁 또는 어의동본궁이라고도 했다.

1681년(숙종 7) 5월 숙종과 계비 인현왕후, 1759년(영조 35) 6월 영조와 계비 정순왕후, 1851년(철종 2) 9월 철종과 철인왕후의 혼례식이 어의궁에서 거행되었다. 1759년 6월 22일 《영조실록》에는 "임금이 어의궁에 나아가 친영례를 거행하였다"라는 기록이 보인다. 어의궁이 위치했던 곳은 현재의 서울 종로구 대학로에 위치한 효제초등학교 인근으로 보고 있다. 어의궁이 별궁으로 활용된 이유는 이곳이 창덕궁, 창경궁 등의 궁궐과 거리상으로도 가까웠기 때문이었다. 1863년 고종과 명성황후의 혼례식이 흥선대원군의 사저였던 운현궁에서 거행되면서, 어의궁을 혼례식장으로 활용한 역사는 그 막을 내리게 된다.

 **어의궁 터 가는 길**

지하철 4호선 혜화역 3번 출구로 나와 종로 5가 방향으로 가면 인도변에 어의궁 터 표지석이 있다.

# 낙산공원과
# 홍덕이 밭

필자가 한양도성 답사에 나서면 꼭 설명하는 곳이 있다. 바로 홍덕이 밭이다. 한양도성은 태조 때 한양으로 천도한 후 정도전이 주관하여 쌓은 도성으로, 백악산에서 낙산, 남산, 인왕산을 잇는 성을 쌓은 것이다.

홍덕이 밭으로 가기 위해 낙산공원으로 방향을 정했다. 그런데 낙산공원을 안내하는 표지판을 보고 크게 실망했다. 인조의 3남 '인평대군麟坪大君'을 '이녕대군'으로 표기했고, 영어 안내판에는 안평대군과 착각하여, 'Anpyeong'로 표기해 놓았다. 이외에도 표지판에서 오타로 볼 수 있는 글자들이 많았다. 역사 유적을 설명하는 표지판 제작에는 보다 세심한 노력이 요구된다는 걸 알 수 있다.

낙산공원에는 홍덕弘德이라는 궁녀가 낙산 자락에 밭을 일구어 효종에게 김치를 올렸다는 흔적을 볼 수 있는 현장이 표시되어 있다. 《신증동국여지승람》에 수록된 〈동국여지비고〉 한성부에는 '홍덕이 밭'에 대한 기록이 보인다.

"나인 홍덕이 병자호란에 포로가 되어 심양에 들어갔는데, 김치를 잘 담가서 때때로 효종이 인질로 있는 집에 드렸다. 효종이 왕위에 오른 다음 홍덕도 돌아왔는데, 다시 김치를 담가서 나인을 통해 효종께 드렸다. 임금이 맛을 보고 익숙한 것을 이상히 여겨 그 출처를 물으니 나인이 사실대로 아뢰었다. 임금이 놀라고 신기하게 여겨 곧 홍덕을 불러들여서 후하게 상을 주려고 하니, 홍덕이 굳이 사양하면서 감히 받을 수 없다고 하였다. 임금이 이에 명하여 낙산 아래 밭 몇 경頃을 하사하여 그 수고를 갚아 주었다. 지금도

낙산공원에 조성되어 있는 홍덕이 밭. 효종이 봉림대군이었던 시절 청나라에서 김치를 먹을 수 있었던 것은 홍덕이라는 궁녀의 솜씨 덕분이었다.

그 밭을 홍덕이 밭이라고 한다"는 기록이다. 홍덕이가 배추를 재배한 밭이 낙산공원 안에 조성되어 있는 사실이 흥미롭다.

## 낙산공원 가는 길

지하철 4호선 혜화역 2번 출구로 나오면 마로니에 공원을 지나 도보로 15분 거리에 낙산공원이 있다. 낙산전시관을 지나 좀 더 올라가면 공원의 전망을 볼 수 있는 광장이 나온다.

# 보물로 지정된
# 인조별서유기비

    1623년 3월 12일 저녁부터 능양군(후의 인조)은 초조함을 감추지 못했다. 이날 삼경(밤 12시)을 기해, 광해군 정권을 타도할 반정을 계획했기 때문이다. 능양군은 이미 이귀, 김류, 최명길, 신경진 등 반정을 주도할 세력들과 교감하고 있었다. 신경진은 능양군을 추천하면서, "바로 선조의 친손인데 총명하고 무용이 뛰어나니 하늘이 주신 바다"라고 했다.

    반정 당일 인조는 연서역(현재의 은평구 대조동)에서 친위 부대를 이끌고 이서의 부대를 맞으면서 반정에 직접 참여했다. 인조가 반정에 직접 참여한 데에는 광해군과의 악연이 컸다. 인조는 선조의 다섯 번째 아들인 정원군의 장남으로, 동생 능창군이 광해군 초반 신경희의 역모 혐의에 연루되어 자진(스스로 자기의 목숨을 끊음)했고, 정원군은 화병으로 생을 마감했다.

    당시 인조가 머물렀던 집은 아버지 정원군의 별장이 있던 곳으로, 현재의 서울 은평구 역촌동 인근이다. 인조가 이서의 부대를 연서역에서 맞은 것도 자신의 집과 매우 가까운 곳이었기 때문이었다. 1695년(숙종 21)에 증손자 숙종은 이곳이 인조의 잠저(왕이 되기 전에 머물렀던 집)임을 기억하면서, 이를 기념하는 비석과 비각을 세우고 담장을 두르게 했다.

비석 앞면의 큰 글씨는 숙종의 필체이며, 뒷면의 글은 숙종이 직접 짓고 글씨는 이항이 썼다. 비의 전체 높이는 291센티미터, 몸체 높이 168센티미터, 폭 72센티미터, 두께 26센티미터다. 비석의 아래에는 귀부가, 그리고 그 아래에는 10각 화강석으로 된 이중 기단이 있다. 비석의 정식 명칭은 인조별서유기비다.

인조별서유기비. 인조가 반정으로 왕위에 오르기 전에 머물렀던 별서를 기념하고자 1695년(숙종 21) 7월에 세운 비다. 2006년 2월 17일 대한민국의 보물 제1462호로 지정되었다.

조선 후기 비석의 원형이 그대로 남아 있다는 점에서 역사적 가치를 인정받아 2006년 보물 제1462호로 지정되었다. 은평역사한옥박물관에서는 이 유기비를 모형으로 만들어 전시하고 있다. 서울 지하철 6호선 구산역 2번 출구를 나와 조금 걷다 보면 서울에는 흔치 않게 보물로 지정된 비석 원형을 만나볼 수 있다.

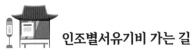

## 인조별서유기비 가는 길

지하철 6호선 구산역 2번 출구로 나오면 도보로 5분 거리에 인조별서유기비가 있다. 예일여고를 맞은편에 두고 도로를 따라 가다가 좌측 주택가 사이에서 비를 찾을 수 있다.

# 중인 문화의 중심,
# 송석원의 역사

2022년 5월 대통령의 집무실이 용산으로 옮겨가고 청와대가 본격 개방되면서, 인근에 있는 서촌과 북촌에 대한 관광객들의 발길도 끊이지 않고 있다. 현재의 서촌은 조선 후기 중인 문화의 중심 공간이었다. 양반과 평민 사이에 위치한 중인은 기술직 종사자, 중앙 관청의 서리 등이 주축을 이루었다. 조선 후기에 들어와 중인들은 모임을 개최하여, 시와 문장을 서로 겨루는 시사(시인들이 조직한 문학적 단체) 활동을 했다.

중인 활동의 중심이 된 곳은 시인 천수경이 주인이었던 송석원松石園으로, 이곳의 주인은 이후 여러 번 바뀌었다. 장동 김씨와 여흥 민씨를 거쳐 1910년경에는 친일파 윤덕영이 송석원을 소유했다. 1910년 한일강제병합 후 윤덕영은 1914년에서 1915년에 걸쳐 서촌의 옥인동 땅의 절반 이상을 사들였다. 그리고 옛 송석원 자리에 프랑스풍 양관(서양식으로 지은 집)이 중심이 된 벽수산장碧樹山莊이라는 저택을 지었다.

벽수산장은 멀리서도 눈에 띌 정도로 규모가 엄청났지만, 사람들은 이를 조롱하여, '한양의 아방궁'이라 불렀다. 윤덕영 사후에 벽수산장은 미쓰이 광산 주식회사에 매각되었고, 해방 후에는 덕수병원에 귀속되었다. 1950년 6·25 전쟁 때는 미8군 장교 숙소로, 1954년 6월부터는 한국통일부흥위원단의 본부로 쓰이기도 했다. 1966년 화재로 본부는 이전했고, 1973년 도로정비사업으로 벽수산장은 역사에서 사라졌다.

벽수산장 남쪽에는 윤덕영이 딸과 사위를 위해 지은 2층 벽돌집이 있었다. 1930년대 근대 건축가 박길룡이 설계한 것으로, 한

서촌에 위치한 박노수미술관. 1937년 친일파 윤덕영이 자신의 딸을 위해 지어진 이 집은 1972년 박노수 화백의 보금자리가 되었다. 박노수 화백은 약 40여 년간 이곳에서 생활하며 작품활동에 몰두했다. 작고 후에 그의 작품과 고택이 종로구에 기증되었다.

식과 양식의 기법에다가 일본식과 중국식이 섞여 있는 독특한 형태였다. 이 집은 1972년부터 박노수(1927~2013) 화백이 소유했는데, 화백의 작고 후에 집과 함께 미술작품들이 종로구에 기증되었다.

2013년에 '박노수미술관'으로 개관하면서 서촌의 또 다른 명소로 자리를 잡아가고 있다. 조선 후기 중인 문화의 중심지가 현대에도 계승되고 있는 느낌이다. 박노수미술관 주변에서는 시인 이상이 20년간 살았던 집터에 자리한 '이상의 집', 연희전문학교 학생 윤동주가 소설가 김송의 집에서 하숙했음을 알려주는 '윤동주 하숙집' 표지판도 찾아볼 수 있다.

 **박노수미술관 가는 길**

지하철 3호선 경복궁역 2번 출구로 나와 도보로 15분 거리에, 통인시장 쪽으로 올라가다가, 좌측으로 방향을 틀어 수성동 계곡으로 가는 길에 박노수미술관이 있다.

# 대한제국의 상징 공간, 환구단

서울 시청 앞 광장 한쪽에 고풍스러운 건물이 자리를 잡고 있지만 접근하기는 쉽지 않다. 설사 접하더라도 건물의 정체에 대해서는 대부분은 모르고 지나간다. 바로 고종 황제가 대한제국을 선포한 장소인 환구단圜丘壇이다. 그 건물의 정체는 정확히는 환구단의 정문과 부속건물 황궁우皇穹宇다.

서울시는 지난 10년간 철제 울타리에 둘러싸여 있던 환구단 정문을 2023년 12월부터 시민에게 전면 개방했다. 환구단은 고종이 대한제국을 선포하고 황제로 즉위한 장소로서 서울시는 측면 계단으로만 올라갈 수 있는 환구단 정문도 개방하기로 했다. 또 환구단 주변에 공원을 만들어 서울광장, 덕수궁을 연결하는 보행자 중심 공간으로 만들어 가기로 했다.

1896년 2월 경복궁에서 러시아공사관으로 옮겨 1년여 동안 생활한 고종은 1897년 2월 거처를 경운궁으로 옮겼다. 현재 덕수궁

황궁우. 황궁우는 대한제국 고종황제가 하늘에 제사 지낸 환구단의 부속건물이다. 환구단이 조성된 2년 뒤인 1899년(광무 3년) 환구단 북쪽에 건립되었으며 하늘과 땅 모든 신령의 위패를 모신 곳이다.

으로 불리는 경운궁은 임진왜란 이후 모든 궁궐이 소실된 상황에서 선조가 머물면서 궁궐로서의 역사가 시작되었다. 선조의 거처 이후에 광해군과 인조는 이곳에서 즉위식을 올렸다. 그러나 조선 후기 경희궁이 새로 건설되고 창덕궁과 창경궁이 중건되면서, 경운궁은 궁궐의 기능을 하지 못했다. 그러다가 고종이 이곳에 거처를 정하면서 근대사의 중심 공간으로 주목받게 되었다.

　고종은 경복궁이나 창덕궁보다는 러시아를 비롯한 서양의 공사관들이 밀집해 있던 경운궁을 안전한 공간으로 인식했다. 경운궁으로 환궁한 고종은 '구본신참舊本新參(옛것을 근본으로 삼고 새로운 것을 참작함)'에 입각하여, 근대 국가 수립을 위한 방안들을 추진해나갔다. 1897년 8월 14일 연호를 '광무光武'라 한 것은 자주국임을 과시하기 위해서였다. 자주국 선언의 백미는 1897년 10월 12일 환구단圜丘壇에서 황제 즉위식을 거행한 것이었다.

왕과 황제의 위상에서 가장 큰 차이가 나는 부분이 있다. 왕은 토지와 곡식의 신인 사직단에 제사를 지내지만, 황제는 직접 하늘에 제사를 지낼 수 있다는 점이다. '천원지방天圓地方(하늘은 둥글고 땅은 평평함)의 원리에 따라, 황제가 하늘에 제사를 지내는 제단인 환구단을 둥글게 조성했다. 현재의 웨스틴조선호텔 자리에 위치했던 환구단 건물은 사라졌지만, 그 부속건물인 황궁우는 원형대로 남아 있다.

팔각의 황궁우는 신위를 봉안하던 건물로 환구단 북쪽 모퉁이에 세워졌다. 환구단 입구에 있는 석고石鼓는 1902년 고종 즉위 40년을 기념하여 세운 석조물로서, 몸체에는 화려한 용무늬가 새겨져 있다. 고종이 황제 즉위식을 올리며 대한제국을 선포한 과정은 《고종실록》에 자세히 기록되어 있다.

"의정부 의정 심순택이 백관을 거느리고 아뢰기를, '고유제를 지냈으니 황제의 자리에 오르십시오'라 하였다. 신하들의 부축을 받으며 단에 올라 금으로 장식한 의자에 앉았다. 심순택이 나아가 '12장문의 곤면(12개의 무늬가 들어간 곤룡포와 면류관)'을 올리고 성상께 입혀드렸다. 이어 옥새를 올리니 상이 두세 번 사양하다가 마지못해 황제의 자리에 올랐다. 왕후 민씨를 황후로 책봉하고 왕태자를 황태자로 책봉하였다. 심순택이 백관을 거느리고 국궁, 삼무도三舞

踏, 삼고두三叩頭, 산호만세山呼萬世, 산호만세, 재산호만세再山呼萬世를 창唱하였다."

왕의 나라에서는 '천세'를 외쳤지만, 이제 '만세'를 외칠 수 있는 황제의 나라가 된 것이었다. 왕의 나라에서 황제의 나라가 된 만큼 국호에도 변화가 왔다. 조선이라는 국호 대신 '대한제국'을 새로운 국호로 정한 것은 삼한三韓의 옛 영토와 역사를 계승하는 황제국의 의미를 지닌 것이었다. 조선이라는 국호에는 고조선과 삼한이 남북으로 존재하던 시절 고조선에 대한 역사 계승의식이 담겼다면, 이제 삼한 계승의식을 국호에 반영한 것이었다. "짐은 생각건대, 단군과 기자 이후로 강토가 분리되어 각각 한 지역을 차지하고는 서로 패권을 다투어 오다가 고려 때에 이르러서 마한, 진한, 변한을 통합하였으니, 이것이 '삼한'을 통합한 것이다"라고 한 고종의 선언에서 '대한제국'이라는 국호에 삼한을 통합한 나라임이 드러난다.

 황궁우 가는 길

지하철 2호선 시청역 6번 출구로 나와 시청 앞 서울광장과 웨스틴조선호텔 사이로 가면 도보 5분 거리에 황궁우가 있다.

# 장충단을 기억하는
# 공간들

　겨울철이 되면 사람들이 유독 많이 몰리는 곳 중의 하나가 장충체육관이다. 서울에 최초로 등장한 실내체육관인 장충체육관은 1963년 2월 1일에 문을 열었다. 장충獎忠이라는 명칭은 1895년 을미사변 때 희생된 홍계훈, 이경직 등 순직한 신하들을 위해, 고종이 1900년 9월에 장충단을 세운 것에서 유래한다. 원래 이곳에는 조선 후기 오군영의 하나인 어영청의 분영(본영에서 갈리어 그 아래에 속해 있던 군영)으로 서울의 남쪽을 지키는 남소영이 위치해 있었는데, 고종 때 장충단을 짓고 순직 신하들의 제사를 지내게 했던 것이다.

　처음에 훈련대 연대장 홍계훈, 영관 염도희, 영관 이경호를 주신으로 하고, 김홍제, 이학승, 이종구 등 장병들을 배향했다가, 다음 해에 궁내부 대신 이경직을 비롯한 임오군란, 갑신정변 때 죽은 문신들도 포함했다. 1900년 11월에는 장충단을 세우게 된 내력을 새긴 '장충단비'를 세웠다. 앞면에 새긴 '장충단獎忠壇'이란 전자체로 쓴 글씨는 황태자 순종의 글씨이며, 뒷면의 비문은 고종의 칙령으로 육군부장 민영환이 지은 것이다.

그러나 일본의 압력으로 1908년 장충단의 제사는 중지되었다. 1909년 이토 히로부미가 살해된 후에는 그를 추모하는 행사를 장충단에서 거행하여, 원래 장충단을 설치한 목적을 일제가 완전히 왜곡했다. 1910년 이후 일제는 장충단비도 뽑아버렸고, 1920년대 후반부터는 벚나무를 심고 여러 시설물을 설치하면서 일본식 공원으로 만들었다. 1932년 상하이사변 때 일본군 결사대로 전사한 '폭탄삼용사爆彈三勇士'의 동상을 세운 것은 만행의 극치였다.

1945년 이후 일제가 세웠던 시설들 다수를 철거했고, 장충단비를 찾아서 현재의 신라호텔 자리에 세웠다. 1969년에는 현재의 수표교水標橋 자리 서쪽으로 옮겼다. 수표교는 원래 세종 시대에 청계천에 설치했던 돌다리로 강수량 측정을 할 수 있는 수표를 마전교 서쪽에 세우면서 수표교로 불리게 됐다. 1959년 청계천을 복개(덮거나 씌우는 것)하는 과정에서, 장충단공원으로 옮겨졌고 현재에도 이 자리를 지키고 있다.

1932년에 일제는 이토 히로부미를 추모하는 사찰인 박문사博文寺를 장충단공원 동쪽(현재의 신라호텔 자리)에 세우기도 했다. 사찰이 자리를 잡은 언덕은 춘무산이라 했는데, 박문사는 이토의 이름 이등박문伊藤博文에서 따왔고, 춘무는 이토의 호다. 일제는 박문사 건축에 광화문의 석재, 경복궁 선원전과 부속건물, 남별궁의 석고각 등을 활용했고, 경희궁의 정문인 흥화문을 떼어서 박문사의 정

장춘단비. 장충단공원에 있는 석비로 1969년 9월 18일 서울특별시 유형문화유산으로 지정되었다. 앞면의 '장충단奬忠壇'이라는 비의 명칭이 적혀 있는데, 순종이 황태자시절에 쓴 글씨다. 뒷면에는 민영환이 쓴 비문이 기록되어 있다.

문으로 만들었다. 한동안 신라호텔의 정문으로 사용되던 홍화문은 1988년 경희궁 복원 과정에서 원래 위치를 되찾게 되었다.

장충체육관 옆으로 남산으로 올라가는 길에는 한양도성이 이어진 모습도 볼 수 있다. 특히 이 구간에 일부 남아 있는 각석刻石(글씨가 새겨진 돌)에는 '흥해', '하양' 등 현재의 경상북도 지명이 새겨져 있어서, 이 구간 공사는 조선시대 경상도 지역에서 올라온 장정들이 맡았음을 짐작해볼 수 있다.

장충단공원은 1971년 7대 대통령 선거에서 약 100만 명이 운집한 가운데 공화당 박정희 후보와 김대중 후보의 유세 대결이 열린 곳이기도 하다. 장충동에서는 원조 족발집뿐 아니라 1946년 명동에서 설립하여 1973년 장충동 이전 후 현재도 그 자리를 지키고 있는 빵집 '태극당'을 찾아보는 것도 좋다.

 **장충단공원 가는 길**

지하철 3호선 동대입구역 6번 출구로 나오면 좌측으로 장충단공원이 바로 연결되어 있다. 원래 청계천 다리로 활용되었다가 이곳으로 옮겨진 수표교도 볼 수 있다.

# 테일러 부부와
# 딜쿠샤

　서울 서대문 지하철역 인근의 행촌동에는 한눈에도 수령이 오래된 은행나무 옆에 붉은 벽돌의 외관을 한 2층의 서양식 가옥이 눈에 들어온다. 한동안 폐가로 방치되었던 이 집은 2000년대 중반 'DILKUSHA 1923'이라는 글씨가 새겨진 돌이 발견되면서, 앨버트 테일러와 메리 테일러 부부의 집이었음이 밝혀졌다.

　'딜쿠샤'란 힌두어로, '이상향', '행복한 마음'이란 뜻이다. 1923년 건축해 1942년 일제에 의해 미국으로 추방될 때까지 부부는 약 20년간 이곳에 살았고, 메리는 《호박목걸이Chain of Amber》라는 자서전을 집필하기도 했다. 앨버트에게 1919년의 3·1 운동은 운명처럼 다가왔다. 메리가 3·1 운동 전날인 2월 28일 아기(브루스 테일러)를 세브란스병원에서 출산했다. 세브란스병원은 남대문 밖 복숭아골, 현재 연세재단 세브란스빌딩이 위치한 곳이다.

　이곳에서 부부는 3·1 운동의 현장을 생생히 목격할 수 있었다.

'딜쿠샤'로도 불리는 미국의 기업인 겸 언론인 앨버트 테일러 가옥. 일제강점기에 건축된 지상 2층 규모의 서양식 주택이다. 이곳은 본래 행주대첩에서 큰 공을 세웠던 권율 장군의 집터로, 현재까지 건물 앞에는 당시부터 있던 수령 400년 이상된 은행나무가 있어서 은행나무집으로도 불렸다.

앨버트는 병원의 침구 밑에 숨긴 3·1 독립선언서를 발견하고, 동생에게 보냈다. 동생은 도쿄에서 미국으로 이 사실을 알렸다. 2월 28일 출산과 동시에 병원에서의 독립선언서 발견과 해외 타전 등이 모두 테일러 가족에 의해 이루어진 것이었다.

앨버트의 생생한 보도는 일본에 대한 부정적인 여론을 조성하는 데 한몫했다. 1941년 태평양전쟁이 발발했고, 1942년 테일러 가족은 조선총독부의 외국인 추방령에 따라 미국으로 추방됐다. 1945년 미군정청 고문 자격으로 한국에 입국하기도 했던 앨버트는 1948년, 부인 메리는 1982년 미국에서 사망했다.

2006년 2월 서울시는 대한민국을 방문한 앨버트와 메리의 아들 브루스와 그 가족들에게 명예 시민증을 부여했다. 2016년에는 브루스의 딸 제니퍼가 조부모의 유품과 딜쿠샤 거주 당시 소장품 총 394점을 서울역사박물관에 기증했다.

2020년 서울역사박물관에서는 '딜쿠샤와 호박목걸이'라는 제목으로 테일러 부부의 삶과, 3·1 운동의 현장을 돌아보는 기증유물 특별전시회를 개최했다. 딜쿠샤를 찾아서 우리의 독립을 위해 헌신한 테일러 부부의 모습과 그 후손들의 한국과의 각별한 인연을 기억해보기 바란다.

 **딜쿠샤 가는 길**

지하철 3호선 독립문역 3번 출구로 나와 도보 10분 거리에 딜쿠샤가 있다. 길이 쉽게 찾을 수 있게 이어진 곳이 아니어서 미리 지도를 보고 찾아가는 것이 좋다.

# 1623년 3월 인조반정의 공간들

1623년 3월 13일 조선의 역사를 바꾼 큰 사건인 인조반정이 일어났다. 1519년의 중종반정과 인조반정의 가장 큰 차이점은, 중종과는 달리 인조가 왕자 능양군의 신분으로 직접 반정에 참여했다는 점이다. 《인조실록》에는 "상(인조)이 의병을 일으켜 왕대비를 받들어 복위시킨 다음 대비의 명으로 경운궁에서 즉위하였다"고 하여 인조가 의병을 일으킨 점을 강조하고 있다.

인조는 직접 병력을 이끌고 연서역(서울시 은평구 대조동)에 이르러서 이서의 군사를 맞았으며, 김류 등 반정의 주축 세력은 홍제원에 집결한 후 세검정과 창의문을 거쳐 광해군이 거처하고 있는 창덕궁을 공격했다. 홍제원에 집결한 반정 세력은 홍제천에서 칼을 씻으며 결의를 다졌고, 영조 시대에 세워진 정자 '세검정洗劍亭'의 이름이 여기에서 유래했다는 견해도 있다.

《한경지략》에는 "세검정은 창의문 밖 탕춘대에 있다. 계해癸亥

서울시 종로구 신영동에 위치한 육각 정자인 세검정. '검을 씻은 정자'라는 뜻인데, 인조반정을 계획하면서 이곳에서 칼을 씻었다는 말이 있다. 1976년에 겸재 정선의 그림을 통해 현재의 모습으로 복원되었고 서울특별시 시도기념물로 지정되었다.

(1623년)의 인조반정 때 군사들이 창의문으로 들어왔기 때문에 '세검정'이라고 이름하였다" 하여, 세검정이 인조반정과 관련된 공간임을 기록하고 있다. 정선이 부채에 그린 '세검정'이 남아 있어, 세검정의 그 원형을 복원하여 현재에 이르고 있다.

반정군이 창덕궁으로 들어오자, 이미 인조 편에 매수된 훈련대장 이흥립은 대응 병력을 활용하지 않았다. 돈화문과 금호문은 쉽게 열렸고, 후원 쪽으로 달아났던 광해군은 바로 체포되어 끌려 나왔다. 광해군 정권을 타도하는 반정을 성공시킨 서인들은 이귀를 대표로 보내, 현재의 덕수궁인 서궁(경운궁)의 석어당에 유폐되어 있던 인목대비를 창덕궁으로 모셔와 인조를 새로운 왕으로 인정받게 하고자 했다.

인목대비가 이를 허락하지 않자, 인조는 직접 경운궁을 찾았다. 인조는 경운궁에 이르러서는 말에서 내려, 서청문 밖에 들어가 통곡하면서 "혼란 중에 일이 많고 겨를이 없어 지금에야 비로소 왔으니 황공하기 그지 없습니다"라고 말했다. 인목대비는 인조에게 옥새를 내려주었고, 인조는 정통성을 인정받고 왕으로 즉위할 수 있었다. 인조가 즉위한 곳은 경운궁의 별당, 즉조당卽阼堂이었다.

## 세검정 가는 길

지하철 3호선 홍제역 1번 출구로 나와 도보 6분 거리에 세검정이 있다. 경복궁역 3번 출구 앞에서 내려 버스를 타고 10분 정도 이동하면 도착할 수 있다. 세검정 아래에는 조선시대 실록의 사초를 세초한 바위 차일암이 있다.

# 숙종, 상평통보의
# 유통과 상평청

　조선의 19대 왕 숙종(1661~1720, 재위 1674~1720) 하면 가장 먼저 떠오르는 인물이 장희빈이다. 장희빈의 유명세 때문에 숙종은 제대로 평가를 받고 있지 못하는 왕이기도 하다. 숙종은 52년 동안 재위한 영조에 이어 두 번째로 재위 기간이 긴 왕으로, 46년 동안 왕위에 있었다. 정치, 경제, 국방, 문화 분야에서 많은 업적을 남겼으며, 특히 경제 분야에서는 상평통보를 전국에 유통시켜 화폐 경제가 자리 잡는 데 크게 기여했다.

　노산군으로 있던 단종을 왕으로 복권하고 이순신의 사당인 현충사를 건립하는 등 성리학 이념의 확산과 실천에도 주력했지만, 숙종은 실물 경제에도 깊은 감각을 지닌 왕이었다. 1678년(숙종 4) 1월 23일(양력 2월 13일) 숙종은 대신과 비변사의 신하들이 모인 자리에서 화폐의 주조에 대한 의견을 주고받았다. 먼저 "화폐는 천하에 통행하는 재화인데 오직 우리나라에서는 누차 시행하려고 했으

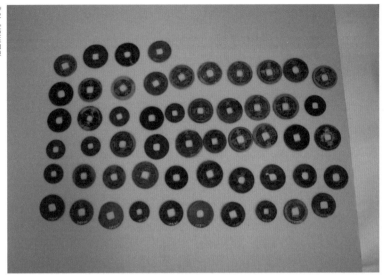

상평통보. 1678년(숙종 4년)부터 제작하여 법정화폐로 유통하기 시작한 조선의 주화다. 법률에 따라 유통이 강제된 법정화폐이며 화폐의 가치가 고정되어 있는 명목화폐이기도 하였다.

나 행해지지 못한 것은 동전이 토산(그 지방에서 특유하게 나는 물건)이 아니라는 점과 중국과는 달리 화폐를 유통하는 분위기가 형성되지 않는다"는 입장이 나왔다.

이에 회의에 참석한 허적, 권대운 등의 대신들은 변화하는 사회 상에 대응하기 위한 방안으로 화폐 시행을 건의했고, 숙종은 이에 화답했다. 호조, 상평청, 진휼청, 어영청, 사복시, 훈련도감 등의 기관에 지시를 내려 상평통보를 주조하게 했고, 돈 400문文을 은 1 냥의 값으로 정한 후 시중에 유통하게 한 것이다.

문(푼)은 냥의 1/100에 해당하는 가치로, 상평통보 4냥이 은 1냥 의 가치를 지녔다. 은은 상평통보 4배의 가치를 지닌 셈이다. 조선시대의 화폐 단위인 1문은 1푼이라고도 했으며, 10푼이 1전, 10전이 1냥이 되었다. 10냥은 1관으로서 관이 최고 화폐 단위였다.

조선시대 1냥의 가치는 얼마나 될까? 조선 후기의 법전인《대전회통》의 기록에 의하면 1냥으로 쌀 20킬로그램 정도를 구매할 수 있었다. 요즈음의 쌀값을 고려하면 은 1냥의 가치는 5만 원 정도로 꽤 고액이다. 소설《허생전》허생이 역관 변승업에게 빌렸다는 1만 냥은 현재 가치로 5억 원 정도가 되는 셈이다.

한 푼은 한 냥의 1/100인 5백 원 정도로, 걸인이 동냥을 할 때 "한 푼 줍쇼"는 가능한 설정이지만 "한 냥 줍쇼"는 거의 강도 수준으로 볼 수 있다. 상평통보는 나무처럼 생긴 주전틀에서 동전을 만들어 떼어내는 방식을 취했는데, '엽전葉錢'이라는 용어는 동전이 주전틀에 나뭇잎처럼 달려 있었던 것에서 유래한 것이다. 원래 한국은행 건물이었다가, 현재는 화폐박물관이 된 곳으로 가면 상평통보의 주조 과정을 전시한 모습을 볼 수 있다.

상평통보의 유통 초기에는 조그만 동전으로 쌀이나 옷을 과연 살 수 있을까에 대한 의구심이 많았다. 이에 조정에서는 동전을 가져오는 자에게 직접 명목가치에 해당하는 현물을 바꾸어 주었고, 중앙의 관리를 지방에 파견하여 동전 사용을 독려하기도 했다. 정부가 직영하는 시범 주점과 음식점을 설치하여 화폐 유통의 편리함을 널리 알렸고, 세금을 화폐로 받기도 했다. 한성부, 의금부 등에서는 죄인의 보석금도 현물 대신에 동전으로 받으면서 화폐 유통을 촉진해 나갔다.

숙종 때 상평통보가 전국적으로 유통되게 된 배경에는 왕의 의지와 함께 상공업 발전이라는 시대 상황이 자리 잡고 있었다. 상업과 수공업의 발달은 이전까지 화폐 기능을 했던 쌀이나 옷감보다는 사용하기 편한 금속화폐의 필요성을 대두시켰으며, 세금과 소작료를 동전으로 대납할 수 있게 하는 조세의 금납제도 큰 역할을 했다. 오늘날 현금보다 신용카드 결재를 편리하게 생각하는 것과도 유사한 모습이다.

17세기 왜란과 호란을 거치면서 정치, 사회, 이념적으로 어려운 상황을 겪었던 조선은 숙종이 등장하며 안정기를 만들어 나갔다. 조선시대판 '역사바로세우기' 사업을 지휘해 나갔고, 성리학 국가의 면모를 보다 확고하게 갖추어 나갔다. 전국에 서원과 사우(조상의 신주를 모셔 놓은 집)가 설치되었고, 충신과 열녀에 대한 포상 작업이 적극 추진된 것은 그 작업의 일환이었다.

숙종은 성리학 이념을 강화하면서도 상업과 수공업이 크게 발전하고 있는 시대적 흐름을 잘 읽어 나갔다. 따라서 상평통보의 유통과 이에 수반한 경제적 발전을 이루어냈다. 장희빈의 유명세로 인해 그 존재감이 약했던 왕, 숙종의 진면목이 제대로 알려졌으면 한다.

 **화폐박물관 가는 길**

회현역 3번 출구에서 300미터 정도 가면 나온다. 근대 르네상스식을 대표하는 건물로, 원래 한국은행 본관 건물이었다. 한국은행이 신축되면서, 현재는 화폐박물관으로, 우리나라와 세계의 화폐, 상평통보의 주조 과정 등을 전시하고 있다.

# 열린 세계 지향한
# 박제가와 '북학의'

　2023년 2월 조선 후기 북학파 학자 박제가(1750~1805)가 저술한 《북학의北學議》 친필 초고본이 발견되어 최근 큰 관심을 끌고 있다. 《북학의》는 박제가가 1778년(정조 2) 청나라를 다녀온 후, 선진 문물을 적극 수용해야 할 것과 사회 각 부문의 개혁책을 주장한 책이다. 제목에 나오는 '북학'은 북쪽의 선진 학문과 정책을 배워야 함을 특히 강조한 것이다.

　박제가는 1750년 승지를 지낸 박평의 서자로 태어났다. 17세 무렵부터 현재 종로에 있는 백탑(파고다 공원) 부근에 사는 이덕무, 유득공 등 서얼 문사들과 어울리면서, 스승으로 모신 박지원과 함께 시대의 문제점들을 고민했다. 1778년 이덕무와 함께 북경에 갈 기회를 얻었으며 이때의 경험을 토대로 저술한 책이《북학의》다.

　《북학의》는 서명응과 박지원, 그리고 박제가 자신이 쓴 서문과 함께 내편內篇과 외편外篇으로 구성되어 있다. 박제가는 1778년 가을 통진의 농가에서 쓴 서문에서 "저들의 풍속 가운데서 본국에 시행하여 일상생활을 편리하게 할 만한 것이 있으면 발견하는 대로 글로 기록했다. 아울러 그것을 시행하여 얻을 수 있는 이익과 시행하지 않음으로써 발생하는 폐단을 첨부하여 하나의 학설을 만들었다. ⋯ 이용利用과 후생厚生은 한 가지라도 갖추어지지 않으면 위로 정덕正德을 해치는 폐단을 낳게 된다. ⋯ 현재 백성들의 생활은 날이 갈수록 곤궁해지고 국가의 재정은 날이 갈수록 고갈되고 있다. 이러한 상황임에도 불구하고 사대부가 팔짱을 낀 채 바라만 보고 구제하지 않을 것인가?"라고 반문하여, 이용후생의 중요성과 함께 빈곤한 백성을 위해 사대부들이 직접 팔을 걷어붙이고 나서야 함을 강조했다.

《북학의》 집필은 박제가가 청나라 사행을 경험한 것을 바탕으로 견문한 주요 내용을 조선 현실에 어떻게 적용할 것인가를 고민하는 문제의식에서 출발했다. 내편에는 수레, 배, 성, 벽돌, 수고(저수지, 댐), 기와, 자기, 소, 말, 철, 골동품과 서화에 관한 내용이, 외편에는 밭, 거름, 과일, 농업과 잠업에 관한 내용과 함께 과거제도, 관직과 녹봉, 재부론財富論, 중국 강남의 절강 상선(상업용 선박)과 통상하는 문제에 대한 논의, 병론兵論, 북학변北學辨 등 북학 사상을 추구한 논설을 정리한 내용이 다수 수록되어 있다.

이들 글에서 박제가는 '북학'은 '생활과 백성에 직결된 학문'으로 규정했다. 그리고 가난한 백성을 구제하는 방안으로 수레의 사용과 벽돌 이용의 중요성을 특히 강조했다. 수레를 상업의 발달에

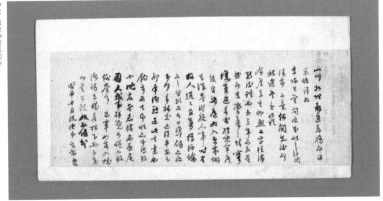

**박제가필 간찰**

따른 유통 경제를 활성화할 수 있는 기구로 인식했으며, 중국에는 벽돌이 다양하고 풍부하게 사용되어 주택, 성벽, 창고 등이 견고하다는 것을 지적하고 우리로 이것을 도입해야 함을 역설했다.

박제가는 몸소 벽돌 만드는 기술을 연구하여 시범을 보이기도 했으며, 농기구의 수입과 수차 및 비료의 사용에 대해서도 깊은 관심을 보였다. 병론에서는 군사상의 목적에 사용되는 모든 경비가 백성들의 생활과 직결되어야 잘 준비되고 필요 이상의 비용이 들지 않을 것이라고 주장했다.

박제가는 무엇보다 성리학에서 강조하는 '농본억말農本抑末(농사를 근본으로 하고, 상업과 같은 말업을 억제함)' 정책에 반대하고, 상업의 장려와 생산의 중요성을 역설했다. "경제란 우물과 같은 것이니 이를 줄곧 이용하지 않으면 말라 버린다"는 발언이나 "쓸 줄을 모르면 만들 줄을 모르고, 만들 줄을 모르면 민생이 날로 빈곤하다"는 주장에는 상업과 수공업, 경제의 중요성이 압축되어 있다. 생산된 것이 소비되어야 재생산이 가능하다는 논리로서, 적극적인 소비 활동을 통해 생산을 증대시키자는 사상은 근대 경제학의 이론과도 흡사하다.

박제가는 해외 통상론에도 적극적인 관심을 기울였다. 우선 청나라와 통상한 후 국력을 길러 해외 여러 나라와도 통상할 것을 주장했다. 19세기 후반에 가서야 타율적으로 조선이 개항되었다는 것을 감안할 때 박제가의 주장은 시대를 앞서 나간 탁견이었음이 분명하다. 최근에 발견된 친필 초고본이 주요한 계기가 되어, 열린 세계를 지향한 박제가의 북학 사상과 《북학의》의 현재적 의미와 가치를 생각해보았으면 한다.

 **탑골공원 가는 길**

종로 3가역 1번 출구에서 300미터 정도 가면 된다. 종각역에서도 가깝다. 원각 사지 십층석탑이 있어서, 파고다 공원이라고도 했다. 조선 후기 박지원, 박제가 등 북학파 학자들이 새로운 문물을 수용하고, 조선을 발전시키려고 노력했던 대표적 공간이 이곳 서울 종로2가 탑골로, 북학파 학자들이 모여 살던 곳이다.

# 1884년 12월 갑신정변의
# 그날

1884년 12월 4일(음력 10월 17일) 우정총국의 개국을 축하하는 낙성식이 열렸다. 그러나 이날의 축하연은 곧바로 처참한 살육의 현장으로 변했다. 김옥균, 박영효, 홍영식 등이 주도한 갑신정변甲申政變이 이곳에서 시작되었기 때문이었다.

현재 서울시 종로구 조계사 옆에 위치했던 우정총국은 우리나라 최초로 근대적 우편업무를 위해 설치된 기관으로 초대 책임자인 총판總辦은 홍영식이었다. 현재 명동 서울중앙우체국 앞에 홍영식 동상이 있는 것은 우정총국 초대 총판이었던 그를 기억하기 위함이다.

김옥균, 박영효, 서재필 등 급진개화파들은 동료 홍영식이 책임자로 있는 우정총국의 개국일을 거사일로 잡았다. 1884년 12월 4일의 《고종실록》은 "이날 밤 우정국에서 낙성식(건축물의 완공을 축하하는 의식) 연회를 가졌는데 총판 홍영식이 주관하였다. 연회가 끝나

서울중앙우체국 앞에 있는 홍영식 동상. 홍영식은 조선 말기의 개화파 정치인이며 갑신정변의 주역으로 한국 우편, 우표 제도의 선각자이기도 하다. 그는 1884년 신설된 우정총국의 총판이 되어 이날의 낙성식을 기회로 김옥균 등과 갑신정변을 일으켰다.

갈 무렵에 담장 밖에서 불길이 일어나는 것이 보였다. 민영익도 우영사右營使로서 연회에 참가했다가 불을 끄려고 먼저 일어나 문밖으로 나갔는데, 밖에서 여러 흉도들이 칼을 휘두르자 나아가 맞받아 치다가 민영익이 칼을 맞고 대청 위에 돌아와서 쓰러졌다. 자리에 있던 사람들이 모두 놀라서 흩어지자 김옥균, 홍영식, 박영효, 서광범, 서재필 등이 자리에서 일어나 궐내로 들어가 곧바로 침전에 이르러 변고에 대하여 급히 아뢰고 속히 거처를 옮겨 변고를 피할 것을 청하였다" 하고 급박하게 전개되었던 그날의 정황을 기록하고 있다.

개화파가 제거 1순위로 삼은 수구파의 핵심 민영익은 중상을 입었으나, 서양인 의사 알렌의 치료 덕분에 목숨을 건질 수 있었다. 이 사건은 알렌의 의술을 높이 평가한 고종이 최초의 근대식 의료 기관인 제중원을 설립하는 것으로 이어진다. 현재 헌법재판소 건물 안에는 제중원이 이곳에 있었음을 알려주는 표지석이 있다.

개화파들은 우정총국의 거사 성공을 확인한 후 바로 고종이 거처한 창덕궁으로 향했다. 사전 계획대로 고종과 명성황후를 경우궁으로 납치해오기 위해서였다. 경우궁은 정조의 후궁이자 순조의 생모인 수빈 박씨를 모신 사당으로, 개화파가 왕과 왕비의 거처를 이곳으로 옮긴 목적은 공간이 협소하여 고종을 압박하기가 유리하다고 판단했기 때문이었다.

개화파들은 일본 공사 다케조에 신이치로의 후원을 약속받았고, 실제 일본 공사관에서는 150명의 병력을 파견하여 창덕궁의 서문인 금호문과 경우궁 사이를 경계하면서 개화파를 지원했다. 청나라 군대 상당수가 조선을 빠져나갔다는 점도 거사일을 정하는 데 고려되었다. 당시 청나라는 베트남에서 프랑스와 전쟁을 벌이고 있었기 때문에, 청나라가 조선에 병력을 지원하는 것이 쉽지 않다고 판단했던 것이다. 거사 다음날 개화파는 왕명을 빙자하여 수구파들을 경우궁으로 오게 했고, 이곳에서 윤태준, 이조연, 한규직, 조영하, 민영목, 민태호 등 수구파 대신들과 고종의 수라를 준비하던 내시 유재현 등을 잔인하게 살해했다.

고종이 죽이지 말라고 하교했지만, 개화파는 이를 듣지 않았다. 이날만은 왕보다도 개화파들의 권력이 위에 있었던 것이다. 고종을 압박하여 개화파들이 발표한 갑신혁신정강은 김옥균이 쓴《갑신일록》에 모두 14개 조로 기록되어 있는데, 1868년에 단행된 일본의 메이지 유신에 영향을 받은 내용들이 많았다.

정변을 일시적으로 성공시켰던 개화파의 위세는 고종과 명성황후가 경우궁을 벗어나, 창덕궁으로 환궁하면서 급격히 무너지게 된다. 조선의 중요성을 인식한 청나라가 군대를 급히 파견했고, 창덕궁을 포위하면서 개화파를 공격하게 된다.

위안스카이가 지휘하는 청나라 군대가 개입하자, 일본은 개화파 지원에서 한발 물러섰다. 홍영식과 박영교 등은 현장에서 피살되었고, 김옥균, 박영효, 서재필 등은 일본으로 망명했다. 정변이 일시 성공했지만 개화파의 권력은 3일 만에 그쳤기에, 갑신정변을 '삼일천하'라고 지칭하기도 한다. 차가운 겨울의 초입에 일어났던 갑신정변은 개화와 근대화라는 좋은 목표에도 불구하고 지나치게 급진적이고 이상적으로 추진되었다는 점에서 실패한 정변으로 기억되고 있다.

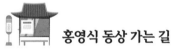

## 홍영식 동상 가는 길

지하철 4호선 명동역 5번 출구에서 나와 도보 5분 거리에 서울중앙우체국이 있고 그 앞에 홍영식 동상이 있다. 홍영식이 현재의 우체국인 우정총국의 초대 총판임을 기념하여 세운 것이다.

# 정조와
# 용양봉저정

    정조는 재위 기간 자주 화성을 찾았다. 아버지 사도세자의 무덤을 이곳으로 옮긴 후 능행에 나선 것이다. 화성 행차에서 가장 어려운 점은 한강을 건너는 것이었다. 정조는 용산에서 노량진에 이르는 곳에 주교(배다리)를 설치하게 하고 한강을 건넜다. 한강을 건넌 후에는 잠시 휴식을 취했는데, 이곳이 현재 서울시 동작구에 위치한 용양봉저정龍驤鳳翥亭이다. 정조가 직접 쓴 '용양봉저정기'가 정조의 문집인 《홍재전서》에 기록되어 있다.

    "노량강에다 주교를 설치하고 관사를 두어 그 일을 맡게 했으며, 강가의 작은 정자 하나를 구입하여 임시로 머무는 곳으로 삼았다. 그 정자의 옛 이름은 망해望海였다"라고 하여 처음 '망해정'이라 불린 이곳의 이름을 고친 사연을 기록하고 있다. "지금 보면 북쪽에는 높은 산이 우뚝하고, 동에서는 한강이 흘러와 마치 용이 꿈틀꿈틀하는 것 같고, 봉이 훨훨 나는 듯하다. … 자리에 나온 대신

용양봉저정. 용양봉저정은 1791년(정조 15) 정조가 수원 화성에 있는 아버지 장조(사도세자)의 무덤인 현륭원에 참배하러 갈 때, 지금 한강의 한 부분인 노들강에 배다리를 설치하고 건너가 잠시 쉬기 위해 지은 곳이다.

에게 '용양봉저정'이라고 크게 써서 문지방 위에다 걸게 하고, 이어 그 내용을 기록으로 남긴 것이다"라 하고 있다.

정조의 화성 행차 중 가장 규모가 컸던 것은 1795년에 이루어진 행차였다. 그 해가 어머니 혜경궁 홍씨가 회갑을 맞는 해였기 때문이었다. 정조의 개인 문집 《홍재전서》에는 "이해 윤2월 9일에 자궁慈宮(어머니)을 모시고 출궁하였는데, 가마를 따르는 관원이 129명, 장관이 49명, 각 차비가 43명, 장교가 236명, 원역(관아에 속한 행정 실무에 종사하던 구실아치)이 1,108명, 군병이 3,410명, 내관이 12명, 나인이 31명, 액속(궁중에서 부리는 구실아치)이 113명이었다. 용양봉저정에서 점심 수라를 드셨고, 행궁에서 잠을 잤다"라고 하여 당시 대규모로 구성된 왕의 행차가 이곳에 머물렀음을 기록하고 있다.

윤2월 16일 돌아오는 길에도 정조는 이곳에서 점심 수라를 드셨다. 《헌종실록》의 헌종대왕 행장(죽은 사람이 평생 살아온 일을 적은 글)에는 "계묘년(1843년) 봄에 건릉에 거둥하셨다가 거가(임금이 타던 수레)가 노강의 용양봉저정에 머물렀을 때에 경연관 홍직필의 집이 이 정자 아래에 있으므로 분부를 내려 나오게 하여 만나보고 기뻐하여 학문의 절요(아주 절실하게 필요함)를 설명하게 하여 도를 듣기를 바라는 것이 부지런하고 은우(은혜로 대우함)가 정중하셨으니 이것은 유사(유학을 공부하는 선비)를 영접하는 처음 있는 성대한 일이었다"고 하여 헌종이 정조의 무덤인 건릉에 거둥했다가, 용양봉저정에서 경연관 홍직필을 만난 사실을 기록하고 있다.

19세기의 학자 이유원이 쓴 《임하필기》의 〈망해정〉 시에서는, "넘실거리는 물결 위에 주교가 누워 있고 / 임금의 호위 대열은 난간 주위를 둘러쌌네 / 용양봉저정 정자 아래에는 / 봄추위 풀리면서 버드나무 눈이 트네"라고 하여 어가 행렬이 지나가는 용양봉저정의 모습을 표현하고 있다.

고종도 이곳을 주정소(임시로 머무는 곳)로 활용했음이 나타난다. 《고종실록》에는 "남한산성의 행궁에서 돌아와 용양봉저정에 나아가 잠깐 동안 머물러 있다가 주교로 강을 건너 환궁하였다"는 기록이 보인다.

현재 용양봉저정은 한강대교 남쪽 노량진 수원지 건너편 언덕 북향에 자리 잡고 있는데, 정면 6칸, 측면 2칸의 건물로 복원되어 있다. 현재 이곳에는 정조의 화성 행차와 관련된 전시물이 배치되어 있으며, 한강의 풍경과 서울 도심을 조망할 수 있는 새로운 장소가 되고 있다.

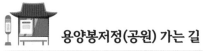

## 용양봉저정(공원) 가는 길

지하철 9호선 노들역 3번 출구로 나오면 바로 오른쪽에 용양봉저정이 있고 한강과 나란한 큰 길을 따라 도보로 3분 정도 올라가다 보면 용양봉저정공원이 나온다.

## 3부

# 외곽의 역사,
# 경기도

# 추사 김정희와
# 과천 과지초당

"세한연후歲寒然後 지송백지후조知松栢之後凋"는 "날씨가 추워진 연후에 소나무와 대나무가 늦게 시드는 것을 안다"는 뜻으로 《논어》에서도 대표적인 명문으로 꼽히는 구절이다. 이 글귀는 추사 김정희(1786~1856)가 제주도 유배 시절에 그린 〈세한도歲寒圖〉로 인해 더욱 유명해졌다. 김정희는 유배 시절에도 자신을 잊지 않은 제자 이상적을 위해 세한도를 그려 보냈다. 어려움 속에서도 끝까지 의리를 지키는 그의 모습을 소나무와 잣나무에 비유한 것이었다.

세한도의 이미지 때문에 추사의 유적지가 제주도에 있음을 기억하는 사람들이 많다. 좀 더 학구적인 사람들은 충남 예산에 있는 추사 고택과 관련 유적지를 탐방하기도 한다. 그런데 경기도 과천과 서울에도 추사 유적지가 있음을 아는 사람은 많지 않다.

김정희의 본관은 경주로, 1786년(정조 10) 6월 3일 충남 예산군 신암면 용궁리에서 태어났다. 많이 알려진 추사秋史와 완당阮堂 외

과지초당. 부친 김노경이 과천시 주암동에 일종의 별장인 과지초당을 조성하면서 김정희는 과천과 인연을 맺기 시작했다. 김정희는 유배에서 풀려난 1852년(철종 3)에서 1856년 서거하기 전까지 말년 4년을 과지초당에서 지내며 마지막 삶을 살았다.

에도 승설도인勝雪道人, 노과老果, 천축고선생天竺古先生 등 생전에 100 여 가지가 넘는 호를 사용했다. 김정희는 예산에서 태어났지만 어린 시절의 대부분을 서울 통의동에 있던 월성위궁月城尉宮에서 보냈다. 월성위궁은 영조가 왕이 되기 전에 살았던 잠저로, 영조가 왕이 된 후에는 창의궁이라 했다. 영조는 이 집을 맏딸 화순옹주의 남편인 사위 김한신(1720~1758))에게 물려주었다. 김한신은 김정희의 증조부가 되는 인물이다. 백송은 이 집의 정원수였고, 현재에도 그 자리를 지키고 있다. 경복궁 서문인 영추문에서 조금 서쪽으로 가면 '김정희 선생 집터' 표지석을 볼 수 있다.

김정희가 서울이 아닌 예산에서 출생한 것은 그때 당시 한양에 천연두가 창궐하여 이를 피해 그의 가족이 잠시 이주했기 때문이었다. 월성위궁에는 매죽헌이라 하여 김한신이 평생 모은 장서를 보관한 서고가 있었는데, 여기에 보관되어 있던 책은 김정희에게 큰 영향을 주었다.

현재 과천시 주암동에 소재한 '과지초당瓜地草堂'은 추사의 부친 김노경이 1824년에 마련한 별장으로, 추사는 부친이 세상을 떠나자 부친의 묘소를 이 근처에 안치하고 3년상을 치렀다. 김정희는 제주도 유배와 함경도 북청 유배에서 풀려난 1852년부터 1856년 세상을 떠나기 전까지 4년 동안 이곳에서 지내며 말년을 보냈다. 2007년 과천시에서 과지초당을 복원하면서 추사가 직접 물을 길어 먹었다는 독으로 만든 우물인 '독우물'도 재현했다. 2013년에는 과지초당 옆에 추사박물관을 조성하여 관련 유물들을 전시하고 있다.

강남 봉은사에는 불교 경판을 보관한 건물인 '판전'이 있는데, '板殿'이라는 현판 글씨가 추사의 작품이다. 판전 두 글자 옆에는 '칠십일과병중작七十一果病中作'이라 하여 "71세인 과천 사람이 병중에 썼다"는 기록이 있다. 김정희는 이 글씨를 쓰고 사흘 뒤에 별세했다. 판전은 추사의 마지막 작품으로, 최후까지 예술혼을 불태웠던 그의 모습을 느낄 수 있다.

**과지초당(추사박물관) 가는 길**

과천에 있으며 지하철 4호선 선바위역 1번 출구에서 나와 100미터 전방에 있는 버스정류장에서 6번 버스를 타고 15분 정도 가면 과지초당이 있다. 지하철 신분당선역 양재시민의숲역에서 내려 양재 꽃시장까지 도보로 이동한 후 마을버스 6번을 이용하는 방법도 있다. 과지초당과 추사박물관은 한 공간에 있다.

# 동구릉
# 찾아가는 길

한여름의 무더위에 찾아갈 수 있는 최적의 장소 중의 하나로 필자는 조선의 왕릉 답사를 추천하고 싶다. 왕릉 주변에는 최고의 숲길이 조성되어 있고, 푸른 신록을 접하노라면 몸과 마음마저 푸르러지는 듯 상쾌한 청량감을 느낄 수 있다.

조선 왕릉은 국내에 조성되어 있는 40기가 2009년 6월 유네스코 세계유산으로 지정될 정도로 세계적으로 그 가치를 인정받고 있다. 조선 왕릉이 세계유산으로 지정되는 과정에서 외국의 심사위원들을 놀라게 한 것은 넓은 지역에 조성된 산림과 숲길이었다. 왕릉 주변에 수목이 울창하다는 것은 대표적으로 '광릉수목원', '홍릉수목원'에 가면 알 수 있다.

조선시대 왕릉 조성에서 가장 크게 고려된 것은 풍수지리와 지역적 근접성이었다. 풍수지리적으로 명당이면서도 서울에서 크게 벗어나지 않는 곳이 왕릉으로 적합한 곳이었다. 후대 왕들이 자주

동구릉. 1408년(태종 8) 태조가 승하하자 이곳에 장례를 지내고 건원릉이라 칭했는데 이후 9릉 17위의 왕과 왕비의 능이 조성되어 동구릉이라 칭한다.

선왕의 능을 참배하려면 우선 거리가 가까워야 하기 때문이다. 왕릉 대부분이 서울과 구리, 고양, 파주 등 경기 북부 지역에 분포하는 것도 이러한 이유 때문이다.

조선 왕릉이 집중적으로 조성되어 있는 곳은 경기도 구리시의 동구릉이다. 동구릉은 태조의 무덤이 처음 이곳에 조성된 이후 왕과 왕비의 무덤 8기가 이곳으로 와서 동쪽에 있는 9기의 능이라는 뜻으로 동구릉이 되었다. 동구릉 이외에 경기도 고양시에는 서오릉이 있는데, 숙종의 무덤인 명릉 등 5기의 왕릉이 있다.

《태종실록》에는 1408년(태종 8) 5월 24일 태상왕으로 있던 태조가 승하한 후, 태종의 명을 받은 신하들이 왕릉의 터를 조사하는 모습들이 나온다. 여러 지역을 물색한 끝에, 6월 28일 최종적으로 지금의 구리시인 양주의 검암산 자락이 결정되었다. 태조는 자신보다 먼저 죽은 계비 신덕왕후의 무덤인 정릉 옆에 묻히고 싶어 했지만, 태종은 부친의 소망을 들어주지 않았다. 오히려 태조 사후에는 덕수궁 인근에 있던 정릉을, 현재의 서울 성북구로 옮겨 버렸다. 성북구에서 정릉동의 명칭을 사용하고, 덕수궁 일대를 정동이라 부르는 것은 정릉과 깊은 관련이 있다.

건원릉은 다른 무덤과는 달리 사초(잔디)가 아닌 억새풀이 심어져 있다. 《인조실록》에는 고향인 함흥을 그리워한 태조를 위해 함흥에서 가져온 억새를 심은 것이 그대로 이어지고 있음을 기록하고 있다. 건원릉이 풍수지리적으로 명당으로 판명된 것은 태조 이후 이곳에 조선의 왕과 왕비의 무덤이 계속 조성된 것에서도 확인된다. 문종의 현릉, 선조의 목릉, 현종의 숭릉, 영조의 원릉, 헌종의 경릉이 뒤를 이었고, 인조의 계비 장렬왕후의 휘릉과 경종의 첫 번째 왕비인 단의왕후의 혜릉 등 두 명의 왕비가 왔다. 왕세자로 승하했지만 문조로 추존된 효명세자의 무덤 수릉이 양주 용마산에서 건원릉으로 옮겨지면서, '동구릉'이라는 명칭을 사용하게 되었다.

동구릉의 왕릉들은 비슷한 모양을 하고 있지만, 형태도 조금 다르고 흥미 있는 역사가 담겨 있다. 태조 사후 두 번째로 1452년 동구릉에 조성된 문종의 현릉에는 처음 문종의 무덤만 있었지만, 중종 때 왕비로 복권된 현덕왕후가 1513년 사후 72년 만에 남편 곁으

로 돌아왔다. 영조의 원릉은 왕과 왕비의 무덤이 나란하게 있는 쌍
릉으로 조성되어 있는데, 영조의 옆자리를 차지한 왕비는 50년을
해로한 정성왕후가 아닌, 영조가 66세 때 혼인한 15세의 신부 정순
왕후였다. 헌종의 무덤인 경릉은 무덤 곁에 두 왕비를 나란히 묻은
삼연릉 형식을 띠고 있다.

왕릉까지 가는 진입로도 숲길이고, 주변에 수목이 울창하게 조
성되어 있어, 찾는 순간부터 마음의 여유를 주는 동구릉 지역. 평
온하게 아홉 기의 왕릉까지 가는 길을 밟으며 건강까지 챙길 수 있
는 동구릉에서 왕릉에 담긴 역사와 문화를 알아보는 것은 어떨까?

 **동구릉 가는 길**

경기도 구리시에 있으며 지하철 8호선 동구릉역 3번 출구에서 나와 도보 10분
거리에 동구릉이 있다. 동구릉을 들어서면 입구에서 가장 가까운 곳에 문조(효명
세자)의 수릉이 있고, 가장 깊숙한 곳에 현종의 숭릉이 있다.

# 세종을 기억하는
# 서울과 여주의 유적들

10월 9일 한글날은 세종이 1443년 12월 훈민정음을 창제한 후, 3년이라는 준비 기간을 거쳐 이를 반포한 것을 기념하는 날이다. 1940년 안동에서 훈민정음 해례본解例本이 극적으로 발견되었다. 정인지가 쓴 해례본의 서문에는 1446년 9월 상한(1일~10일)에 훈민정음을 반포했다고 기록하고 있는데, 9월 10일을 양력으로 계산한 10월 9일을 한글날로 기념하고 있다. 세종은 집현전을 설치하고 자격루, 측우기와 같은 과학기구를 발명하는 등 많은 업적을 남겼다. 그중에서도 우리글 훈민정음의 창제는 가장 돋보이는 업적이다.

훈민정음 반포 후 세종은 용비어천가를 노랫말로 지어 백성들에게 널리 보급하기도 했다. 만 원권 지폐에 있는 세종의 초상 오른쪽에 "불휘기픈남간"으로 시작하는 용비어천가 2장이 기록되어 있는 것도 찾아보기 바란다. 한글이 점차 보급되면서 백성들은 자신의 생각과 뜻을 글로 적을 수 있게 되었고, 억울한 민원들도 해

소할 수 있었다.

세종은 1397년 4월 10일 한양의 북부 준수방, 현재의 서촌 지역에서 태어났다. 스승의 날로 기념하고 있는 5월 15일은 세종이 태어난 4월 10일을 양력으로 계산한 것이다. 서촌의 통인시장 인근 사거리에 세종대왕 탄생지라는 표지석이 있다.

경복궁은 세종과 특히 인연이 깊은 궁궐이다. 1418년 상왕인 태종이 참석한 가운데 근정전에서 즉위식을 올렸고, 집무공간 사정전, 침전 강녕전에서 주로 생활했다. 태종 때 건립한 경회루는 세종이 자주 휴식을 취한 공간이었다. 경회루 남쪽에 있는 현재의 수정전 자리에 세종은 집현전을 건립했다. 이곳에서 배출된 인재인 성삼문, 신숙주 등은 훈민정음 반포에 큰 공을 세웠다.

세종은 자신의 무덤 자리를 생전에 정한 왕이기도 하다. 아버지 태종의 무덤 헌릉의 서쪽에 묻힐 곳을 미리 정해 놓았고, 사후 이곳에 묻혔다. 그러나 이곳이 풍수지리적으로 문제가 있음이 계속 지적되고, 문종, 단종, 의경세자 등 적장자 출신들이 연이어 요절하는 상황이 발생하자, 예종은 세종의 무덤을 경기도 여주로 옮겼다.

예종에 앞서 세조는 세종 생전에 안평대군과 함께 영릉의 수릉터를 봉심(임금의 명으로 능이나 묘를 보살피다)하였기 때문에 장지 선정 당시의 정황을 누구보다 잘 알고 있었고, 무덤을 잘못 써서 연이어 장자가 희생된 데에 대한 남다른 책임감도 가지고 있었다. 세조는 영릉의 천릉을 추진했지만 단행하지는 못했고, 세조의 뜻을 이어받은 예종이 추진했다. 특히 예종 시대에 권력의 중심에 있었던 한

세종의 영릉英陵. 경기도 여주에 있는 세종과 소헌왕후의 합장릉으로 그 옆에 효종과 인선왕후의 쌍릉인 영릉寧陵도 자리잡고 있다. 세종의 영릉은 태종과 원경왕후의 쌍릉인 헌릉 옆에 있었다가 예종 때 이곳으로 옮겨졌다.

명회 등은 천릉을 적극적으로 주장했다.

새롭게 천릉지로 선정된 여주는 이중환의 《택리지》의 기록에서도, "영릉은 장현대왕(세종)이 묻힌 곳이다. 용이 몸을 돌려 자룡으로 입수하고, 신방에서 물을 얻어 진방으로 빠지니 모든 능 중에서 으뜸이다"라고 했다. 여주는 여강을 끼고 있어서 하루도 안 되어 서울에 도달할 수 있는 교통의 요지였기 때문에 천릉을 위한 물품 조달에도 용이했다. 이러한 여건들은 왕릉은 서울로부터 가까운 곳에 입지해야 한다는 장지 선정 원칙에서 벗어난 단점을 보완하기에 충분했다.

세종의 영릉을 여주로 옮긴 이후, 그 능지가 명당이라 조선의 국운이 100년이나 더 연장되었다는, 소위 '영릉가백년英陵可百年'이라는 말이 생겨났다고 한다. 천릉을 하는 과정에서 세종과 소현왕후의 무덤은 합장릉의 형태를 취했다. 영릉은 조선왕릉 중 최초로 한 봉분에 다른 방을 갖춘 합장릉이 되었다. 세종의 영릉이 여주로 옮겨지면서, 신륵사는 원찰로 자리를 잡게 되었다. 여주시는 세종대왕과 인연이 깊은 도시임을 강조하고 있는데, 여주 지역에서 생산되는 쌀의 브랜드 이름은 '대왕님표 여주쌀'로 명명하여 세종대왕을 기리고 있다.

## 영릉 가는 길

경기도 여주시에 있으며 지하철 경강선 세종대왕릉역 1번 출구로 나와 버스정류장에서 버스시간표를 확인하고 버스를 타면 10분 안에 영릉까지 바로 갈 수 있다. 세종대왕릉역에서 영릉까지는 3킬로미터로 걸어가면 50분 정도 걸린다. 세종의 영릉英陵 인근에 효종을 모신 영릉寧陵이 10분 정도의 거리에 있다.

# 정몽주와 조광조,
# 그리고 용인

　고려 말 성리학의 수용과 보급에 공을 세운 포은 정몽주 (1337~1392), 16세기에 성리학을 바탕으로 개혁정치를 추진한 정암 조광조(1482~1519). 두 인물은 성리학의 수용과 실천에 공을 세운 학자라는 것 이외에 그 묘소가 경기도 용인에 있다는 공통점이 있 다. 용인은 '생거진천生居鎭川 사거용인死居龍仁'이라는 말이 유래할 정도로, 사후에 묻히면 좋은 대표적인 명당으로 꼽히고 있다.

　정몽주와 조광조가 용인과 인연을 맺게 된 사연은 무엇일까? 정 몽주는 1337년 경상도 영천에서 태어나 고려 말 주로 개성에서 살 았다. 1392년 4월 이방원의 부하들에 의해 살해된 곳도 개성의 선 죽교 부근이었다. 정몽주는 변고로 사망을 했기에 시신도 제대로 수습할 수 없었다.

　처음 묘소는 개성 인근의 풍덕에 있었는데, 고향인 경북 영천으 로 묘소 이장을 추진했다. 그런데 현재의 용인 지역에 이르렀을 때

정몽주선생묘. 정몽주는 1360년(공민왕 9) 과거에 장원급제한 후 관직 생활을 하면서 후진을 양성했다. 명나라와 일본에 가서 외교활동을 펼치기도 했다. 이성계의 세력이 날로 커지면서 새 왕조를 세우려 하자 끝까지 고려 왕실을 지키려다가 피살되었다.

갑자기 명정(죽은 사람의 관직과 성씨 따위를 적은 깃발, 일정한 크기의 긴 천에 보통 다홍 바탕에 흰 글씨로 쓰며, 장사 지낼 때 상여 앞에서 들고 간 뒤에 널 위에 펴묻는다)이 날아갔고, 결국 명정이 떨어진 곳(처인구 모현읍)에 묘소를 조성하여 현재까지 이어져 오고 있다.

묘비에는 고려시대의 벼슬만을 쓰고 조선의 시호를 쓰지 않아 두 왕조를 섬기지 않는다는 그의 뜻을 분명히 했다. 묘역 입구에는 송시열이 지은 신도비가 있다. 정몽주의 묘소 오른쪽에는 세종 시대의 학자 연안 이씨 이석형의 묘소가 자리하고 있다. 이석형의 아내가 정몽주의 증손녀이기 때문이다.

조광조는 1519년 기묘사화 때 중종이 내린 사약을 받고 38세의 나이로 유배지인 전라도 능주(현재의 화순)에서 생을 마감했다. 그의 묘소가 용인에 조성된 것은 한양 조씨 대대로 이어지는 묘소가 용인에 있었기 때문이다. 현재 수지구 상현동의 조광조 묘소에는 조광조뿐만 아니라, 증조부, 조부, 부, 자 등이 함께 모셔져 있다.

정몽주와 조광조의 묘소가 있는 것을 인연으로 용인에는 이들을 배향하는 서원이 세워졌다. 1576년(선조 9)에 건립된 충렬서원은 정몽주와 조광조의 덕망과 충절을 추모하기 위하여 세워졌다. 처음 죽전서원이라 했으며, 1609년(광해군 1) '충렬'이라는 편액을 하사받았다. 심곡서원은 충렬 서원에 배향되었던 조광조를 따로 모시면서 1605년(선조 38) 조광조의 묘소 옆에 세운 서원이다. 1649년(효종 즉위년) 사액을 받았으며, 《고종실록》을 보면 흥선대원군의 서원철폐령 때도 존속했다는 것을 알 수 있다. 현재 용인시는 '포은아트홀', '포은대로', '심곡로' 등 정몽주와 조광조를 기억하는 명칭을 많이 사용하고 있어서, 두 인물을 오래도록 기억하게 만든다.

### 정몽주선생묘역 가는 길

경기도 용인시에 있으며 지하철 수인분당선 죽전역에서 내려 버스를 타고 '능원초등학교, 정몽주선생묘역입구'에서 하차하면 된다. 죽전역에서 43번 국도 광주방향으로 약 10분 거리에 있다. 정몽주선생묘역 근처에는 이석형의 묘소도 있다.

# 시기별 유적을
# 갖추고 있는 강화도

　강화도는 고대부터 근대까지 시대를 대표하는 역사 유적들을 모두 갖추고 있는 지역이다. 청동기 시대 족장의 무덤인 고인돌은 강화도의 고천리, 교산리, 부근리, 삼거리, 오상리 등에 분포되어 있는데, 부근리 고인돌이 대표적이다. 탁자 모양으로 북방식 고인돌의 형태를 띠고 있는 부근리 고인돌은 길이 710센티미터, 높이 260센티미터, 넓이 550센티미터의 커다란 돌을 사용했다. 강화도 지역의 고인돌은 2000년 전북특별자치도 고창, 전라남도 화순의 고인돌과 함께 유네스코 세계유산으로 지정되었다.

　고려시대 유적으로는 그 당시 몽골과의 전쟁을 피해 피난 수도로 활용한 만큼, 고려궁궐 터, 팔만대장경을 간행한 선원사 터 등이 남아 있다. 고려 후기 몽골족의 침입이 있었던 시기인 1232년에 강화도로 천도하면서 고려의 수도가 되었던 만큼 고려 왕들의 무덤도 다수가 남아 있다. 21대 희종의 석릉, 22대 강종의 왕비인 원

덕태후의 곤릉, 23대 고종의 홍릉, 24대 원종의 왕비인 순경태후의 가릉 등 4기의 고려 왕릉이 강화도에 자리를 잡고 있다.

고려 후기의 문신이자 학자로 《동국이상국집》을 저술한 이규보의 묘소도 강화도에 있다. 조선시대에도 국방상 요충지였던 강화도에는 유수부 건물, 왕이 임시로 거처한 행궁 등이 설치되었고, 조선왕조실록을 보관했던 정족산사고도 있다. 1782년 정조는 도서를 안전하게 보관하기 위해 강화도에 외규장각을 설치하고, 왕실의 주요 전적들을 보관하기도 했다.

강화도는 외적의 침입을 방어하기 위한 국방 유적들이 많이 남아 있는데, 이곳은 1866년 병인양요 때는 프랑스 함대와 1871년 신미양요 때는 미군 함대와 격전을 치른 곳이기도 하다. 병인양요 때 프랑스군에게 약탈당한 외규장각 의궤 297책은 2011년 145년 만에 고국으로 돌아올 수 있었고, 현재는 국립중앙박물관에 보관되어 있다.

1871년에 일어난 신미양요는 1866년 제너럴셔먼호 사건, 즉 미국 상선 제너럴셔먼호가 평양 주민에 대한 약탈과 살육을 자행하다가 평양의 주민과 관군들에게 화를 당한 것을 핑계로 일으킨 사건이다. 이때 미국은 5척의 군함과 1,200명의 군대를 보내 강화도를 공격했다. 초지진, 덕진진에 이어 광성보마저 포위되면서 조선군은 고전했다. 광성보는 해안에 세운 소규모 성곽으로 숙종 시대 이후 강화도에 국방 시설을 확충하는 과정에서 용두돈대, 오두돈대, 화도돈대 등과 함께 시설이 정비된 곳이다. 영조 시대에는 성

광성보의 쌍충비각. 1871년 신미양요 때 광성보전투에서 순절한 중군 어재연 외 59명의 순절비다. 어재연 (1823~1871)은 조선 말기의 무신으로 신미양요가 일어나자 진무중군에 임명되어 미군에 맞섰다. 동생 어재순 과 함께 해병 제임스 도허티의 총검에 찔려 전사했다. 이때 장수 깃발인 수자기 깃발도 빼앗겼다.

문을 설립하고 안해루라 하기도 했다.

신미양요 당시 광성보를 지키던 어재연, 어재순 형제는 포탄을 피해가며 칼과 창으로 항전했지만, 200여 명의 군사들과 함께 전사했다. 현재 광성보 경역 안에는 어재연 형제의 순절을 기념하는 쌍충비각雙忠碑閣과, 순절한 군사들의 시신을 모신 7기의 무덤이 남아 있다. 광성보에 소속되어 있는 용두돈대와 손돌목돈대는 대표적인 국방시설로, 현재에도 원형이 유지되고 있다. 미군은 조선군의 완강한 저항에 수교의 뜻을 접고 20여 일 만에 퇴각했다.

당시 미군이 퇴각하면서 가져간 조선군의 장수 깃발인 수자기帥字旗는 2007년 136년 만에 고국으로 돌아올 수 있었지만, 미국이 다시 반환을 요구하여 2024년 미국으로 돌아갔다. 수자기를 반납했

던 이유는 수자기 귀환이 영구반환 방식이 아닌 10년간의 장기대
여 방식으로 국내로 들어왔기 때문이었다.

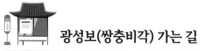

## 광성보(쌍충비각) 가는 길

인천시 강화군에 있으며 강화여객자동차터미널 근처에 있는 강화터미널 정류장
에서 53번 버스 탑승 후 광성보 정류장에 하차하면 4분 거리에 광성보가 있다.
광성보의 정문 누각인 안해루를 지나 바다 쪽으로 걸어가면 용두돈대와 손돌목
돈대를 만날 수 있다.

# 영조의 부인과
# 어머니 무덤 이야기

2009년 유네스코 세계유산으로 지정된 왕릉 주변에는 조선시대부터 금표(출입 금지를 알리는 푯말)가 설치되어 함부로 이곳에 들어가지 못했고, 벌목도 엄격히 금지되었다. 지금도 왕릉 주변의 수목이 울창하고 쾌적한 공간이 마련될 수 있었던 이유는 이곳이 조선시대부터 엄격히 관리된 곳이기 때문이다.

문화재청(현 국가유산청)은 2022년 조선의 주요 왕릉을 크게 5개 권역으로 나누어 전문가와 시민이 참여하는 답사 기행을 기획했다. 왕실 사랑이 주제인 '영조의 길', 그리움을 공감할 수 있는 '단종의 길', 정조와 사도세자에 초점을 맞춘 '정조의 길', 영원함을 주제로 한 '왕의 숲길', 조선 말기와 대한제국 시기 역사를 배울 수 있는 '왕과 황제의 길' 등이다. 2022년 6월 13일 첫 번째 행사인 영조의 길이 진행되었고, 필자는 이 기간 해설자로 참여하여 홍릉과 소령원을 답사했다. 영조의 첫 번째 왕비인 정성왕후의 홍릉은 고양

서오릉. 서오릉은 풍수적인 길지에 왕실의 족분을 이룬 것인데, 경릉, 창릉, 익릉, 명릉, 홍릉의 5개의 능을 일컫는다. 이곳에는 5능 외에 명종의 첫째 아들 순회세자의 순창원이 경내에 있으며, 1969년 숙종의 후궁 장희빈의 대빈묘도 경내에 옮겨 놓았다.

시 서오릉 경역 안에 있다.

　1757년 왕비가 사망하자, 영조는 아버지 숙종의 무덤이 조성된 명릉明陵 근처에, 왕비 무덤을 만들고 옆자리를 비워 두었다. 자신도 죽으면 부인 곁에 묻히겠다는 의지였다. 그러나 영조의 뜻은 실현되지 못했다. 1759년 영조는 66세 때 15세 신부 정순왕후를 계비로 맞이했는데, 영조의 무덤이 현재의 동구릉 자리에 조성된 것은 정순왕후를 의식한 정조의 결정 때문이었다. 영조의 원릉 옆에는 영조 사후 29년 만에 정순왕후가 묻혔다. 남편이 오기만을 기다렸던 정성왕후의 심정은 어떠했을까? 지금도 홍릉 옆은 빈자리로 남아 있다.

현재의 파주시 광탄면에 조성되어 있는 소령원은 영조의 생모인 숙빈 최씨를 모신 무덤이다. 숙빈 최씨는 숙종의 후궁이었기 때문에 무덤에 '능'이라는 칭호 대신에 '원'이라는 호칭을 쓴 것이다. 조선시대에 왕의 후궁이 되는 길에는 크게 두 가지 코스가 있었다. 서류 접수와 면접 등 공개적인 채용 과정을 거쳐 후궁이 되는 경우 '간택 후궁'이라 했고, 왕의 은혜를 입은 후궁을 '승은 후궁'이라 했다. 장희빈과 숙빈 최씨, 그리고 2021년 방영된 드라마 〈옷소매 붉은 끝동〉에 정조의 후궁으로 나온 의빈 성씨는 모두 승은 후궁 출신이다.

인현왕후가 폐서인이 되어 사가에 나가서 살던 시절 인현왕후를 모셨던 최씨가 인현왕후의 생일을 기억하는 모습을 보고 숙종이 후궁으로 뽑았다는 야사의 기록이 있다. 영조는 소령원을 왕릉 못지 않게 화려한 규모로 조성하는 한편, 생전에 이곳을 자주 찾고 성역화했다. 1725년에는 소령원 앞에 어머니의 신도비까지 세워 자신의 정통성을 강화했다. 서오릉의 홍릉, 동구릉의 원릉, 그리고 소령원에서 숙종과 영조의 흔적을 찾아보기를 바란다.

 **서오릉 가는 길**

경기도 고양시에 있으며 지하철 3호선 원당역 3번 출구에서 나와 버스를 타고 10분 정도 가면 서오릉이 나온다. 서오릉에는 덕종의 경릉, 예종의 창릉, 숙종의 명릉, 인경왕후의 익릉, 정성왕후의 홍릉 등 5기의 왕릉이 있다.

# 아차산과
# 고구려 보루 유적

새해를 맞이하면 일출의 명소를 찾는 발길이 분주하다. 아차산은 서울에서 일출을 볼 수 있는 대표적인 곳이다. 서울이 조선의 수도로 결정된 데는 도심의 동서남북으로 낙산, 인왕산. 남산, 백악산이라는 네 개의 산, 즉 내사산이 있는 것이 큰 역할을 했다. 여기에 더하여 서울의 외곽에도 동서남북으로 아차산, 덕양산, 관악산, 북한산이라는 네 개의 산, 즉 외사산이 있고, 동쪽을 대표하는 산이 바로 아차산이다. 한강을 끼고 있는 아차산은 삼국시대부터 신라, 고구려, 백제가 영토 다툼을 한 격전지였다.

이러한 모습을 가장 잘 보여주는 것이, '아차산 고구려 보루' 유적이다. '보루'란 돌이나 목책 등을 이용하여 튼튼하게 구축한 방어시설물을 뜻하는 말로, 지금도 꼭 지켜야 할 대상을 '보루'라 표현하고 있다. 5세기 고구려 장수왕 때 남하정책을 펼쳐 백제 개로왕을 전사시키고 이 지역을 차지한 후, 군사방어시설을 설치한 것으

아차산 고구려 보루 유적(아차산 일대 보루군). 서울시 광진구, 노원구 및 경기도 구리시에 걸쳐 있는 아차산 일대에 구축된 고구려 보루군이다. 보루는 사방을 조망하기 좋은 봉우리에 구축한 소형 석축 산성으로, 산성에 비해 규모가 작은 군사시설을 말한다.

로 보고 있다.

　삼국시대 한강은 고구려, 백제, 신라가 가장 심하게 격돌한 요충지였다. 삼국시대 초반 이곳은 백제의 영토였지만, 4세기 고구려 장수왕의 남하정책으로 백제는 서울에서 피난하여, 충청남도 공주(웅진)로 천도할 수밖에 없었다.

　고구려는 5세기 후반까지 한강 지역을 차지했지만, 6세기 중엽 신라 진흥왕과 백제 성왕이 연합 작전을 펼치면서 이곳을 빼앗겼다. 이곳에서 건물 시설과 온돌, 간이 대장간과 아궁이, 쇠솥 등이 발굴되어 당시 대치 현장에 있었던 고구려 병사들의 모습을 생생히 보여준다. 특히 4보루군의 아궁이에서 발견된 투구는 전의를 상실한 고구려 지휘관이 철수에 방해가 되는 무거운 투구를 버리는 모습을 상상하게 한다.

아차산 일대 보루군의 본격적인 발굴은 1990년대 후반부터 이루어지기 시작했고, 홍련봉 1, 2보루와 아차산 3, 4보루, 용마산 1, 2보루, 시루봉 보루가 발굴되었다. 산의 정상부를 평탄하게 하여 주둔할 공간을 일부 마련하고 외벽을 목책 또는 석축 보루의 형태로 구축한 모습을 볼 수 있다. 고구려 유적지 대부분이 북한이나 중국 등에 있는 상황에서 현재의 우리 땅, 그것도 서울의 도심 한복판에서도 확인 가능한 고구려 군사 시설이라는 점에서 아차산 고구려 보루 유적은 큰 의미가 있다.

 **아차산 일대 보루군 가는 길**

서울특별시 광진구·중랑구·노원구 및 경기도 구리시 일대에 있다. 지하철 5호선 아차산역에서 내려, 아차산 정상을 향해 올라가다 보면 팔각정을 헐고 복원한 고구려정이라는 정자가 보인다. 고구려정에서 등산로를 따라 정상 쪽으로 올라가면 곳곳에 산재한 고구려 보루 유적 표지판이 보인다.

4부

# 선비의 고장,
# 경상도

# 최초의 사설 의료기관,
# 존애원

　코로나19 팬데믹(세계적 대유행)을 경험하면서 우리는 의료시설과 의료진의 중요성을 더욱 실감하게 되었다. 1599년(선조 32) 발의가 되어 1602년에 설립된 경상도 상주 존애원은 사설 공공의료시설의 효시로 볼 수 있는 곳이다. 임진왜란을 겪은 후 많은 백성이 기아와 질병으로 힘든 시기에 상주 지역을 대표하는 유학자들이 직접 나서서 백성을 구제하는 의료시설을 세운 것이다. 존애원은 경북 상주시 청리면 율리에 있는데, 상주 시내에서 남쪽으로 약 9㎞ 지점이다. 앞으로는 청리천이 병성천으로 흘러드는 넓은 들판이 펼쳐져 있다.

　조선시대에는 전염병 등 질병을 예방하고 치료하는 의료기관들이 존재했다. 왕실 의료기관으로 궁궐 안에 설치한 내의원, 관리들을 전담하는 전의감, 일반 백성들을 대상으로 한 혜민서, 굶주린 백성들의 재활과 더불어 전염병이 유행하면 격리시설로 활용되었

존애원. 임진왜란 뒤 질병 퇴치를 자치적으로 해결하려는 뜻으로 세워진 조선 후기의 사설 의료기관으로 1993년 경상북도 기념물로 지정되었다.

던 활인서가 있었다. 이들 의료기관이 국가 주도의 의료기관이었다면 존애원은 지방에 설치한 사설 의료기관이라는 점에서 그 역사적 의미가 크다.

존애원은 김각, 성람, 이전, 이준, 강응철, 김광두, 정경세 등 상주 지역을 대표하는 선비들이 뜻을 모아 창설했는데 13개의 문중이 참여했다. 유성룡의 제자 정경세는 지역 양반들에게 의료원 설립을 적극적으로 권유했으며, 의술에도 능했던 유학자 성람은 존애원의 초대 주치의 역할을 했다.

존애원의 명칭은 송나라 유학자 정명도가 말한 '존심애물存心愛物', 즉 '마음을 지키고 길러서 만물을 사랑한다'는 말에서 따온 것이다. 정경세와 이준의 문집에는 1602년에 의국인 존애원을 세웠다는 기록이 보이며, 조선 후기의 학자 송시열이 쓴 정경세 행장에는 "동지들과 의약을 갖춰 놓고 고을의 병자들을 구제하면서 정명도 선생의 말을 취하여 존애원이라 명명하였다"는 기록이 보인다.

상주는 임진왜란 때 일본군의 북상 침입로였던 까닭으로 전쟁에 의한 피해가 특히 컸던 지역이었다. 이러한 현실을 외면하지 않고, 전란 직후 기아와 질병으로 고통받는 백성들을 위해 지역 공동체가 힘을 합하여 존애원을 세운 것이다. 존애원은 의료기관의 역할 이외에도 1607년부터 1894년까지 287년간 경로잔치인 백수회를 통해, 지역의 어른들을 공경하고 지역의 화합을 유지하는 행사들을 꾸준히 전개했다.

지방에서는 이례적으로 탄생한 사설 의료기관인 존애원의 존재와 역사적 가치를 알리는 작업이 상주시를 중심으로 진행되고 있다. 하지만 보다 체계적으로 이를 확산시켜 나갈 필요성이 있다. 당시에도 "음덕이 사람들에게 미친 것이 넓다"는 평가를 받았던 존애원의 설립과 운영 정신을 현대적으로 계승하는 방안들, 즉 존애원의 존재와 가치를 설명하는 교육과 영상 프로그램, 의료 및 사회봉사와 관련한 전시물 배치, 설립에 참여한 인물의 유적지에 대한 현장 탐방 등이 이루어졌으면 한다. 사회적 약자에 대한 배려와 공동체의 삶을 회복하는 상징 공간으로 존애원이 꾸준히 주목받기를 바란다.

## 존애원 가는 길

'경상북도 상주시 청리면 율리1길 5'의 존애원은 경북선 청리역 하차 후 도보로
2.8킬로미터 거리에 있다. 상주터미널에서 내려 택시를 타고 가는 방법도 있다.
KTX를 이용하려면 김천구미역에서 내려, 택시를 타면 40분 정도 소요된다.

# 안동 하회마을의
# 현장들

　'한국정신문화의 수도'라는 경상북도 안동은 하회마을과 병산
서원, 도산서원, 봉정사 등 유네스코 세계유산을 보유한 도시이기
도 하다. 2021년 안동에서는 9월 4일부터 26일까지 '안동의 세계유
산 인류의 미래가치'라는 주제로 유네스코 세계유산으로 지정된 유
적지에서 각종 행사를 진행했고, 필자도 이 행사에 참석했다. 안동
에서 가장 먼저 유네스코 세계유산으로 지정된 곳은 하회마을로,
2010년 경주 양동마을과 함께 유네스코 세계유산으로 지정되었다.

　하회河回는 풍산豐山 들판의 화산花山(꽃뫼, 태백산맥의 줄기를 타고 있
는 경상북도 영양군 일월산의 한 지맥이 남서쪽으로 뻗어 내리다가 낙동강과 만
나면서 머무른 해발 271미터의 나지막한 산)을 낙동강이 돌아서 나간다고
하여 생긴 명칭으로, '물동이동'이라고 한다. 이중환은 《택리지》에
서 "시냇가에 살 만한 곳으로는 영남 예안의 도산과 안동의 하회를
첫째로 삼는다"라고 한 뒤, "하회에는 서애의 옛 고택이 있다. 웅덩

허목이 쓴 충효당 현판. 허목(1595~1682)은 조선 후기의 문신 및 유학자, 역사가, 정치인, 화가, 서예가이자 사상가로 명필의 반열에 올랐으며, 그의 독특한 글씨체는 미수체라고도 불린다.

이 물이 휘돌아 출렁이며 마을 앞에 모여들어 깊어진다"라며, 하회 마을이 살기 좋은 곳이라는 말과 함께 유성룡(1542~1607)을 하회마을의 대표 인물로 소개했다. 부용대에 올라가서 보는 하회마을의 전망은 더욱 좋다. 기와집과 초가집이 잘 어우러져 있고, 삼신당三神堂을 중심으로 방사형으로 뻗은 길은 흙담과 절묘한 조화를 이룬다. 한 폭의 그림 같은 풍경은 전통마을의 품위를 한껏 보여주고 있다.

　　마을을 대표하는 건물인 충효당은 유성룡의 종택으로, 전서로 쓴 현판은 조선 후기 남인의 영수 허목의 글씨다. 충효당 내에 자리하고 있는 영모각은 유성룡과 관련된 유물을 보관하기 위해 세운 전시관으로, 종가의 문서와 유물 및 필첩, 영의정 임명 교지, 도

부용대에서 바라본 하회마을 전경. 부용대는 하회마을의 서북쪽 강 건너 광덕리 소나무 숲 옆에 있는 해발 **64m**
인 절벽이다. 태백산맥의 맨 끝부분에 해당하며 정상에서 마을 전체를 조망할 수 있다.

체찰사 교서 등이 보관되어 있다.

하회마을에서 화산을 돌아 나오면 만나게 되는 병산서원은 유
성룡을 배향한 서원으로, 2019년 유네스코 세계유산으로 지정된
한국의 서원 9곳 중 한 곳이다. 낙동강을 마주하도록 서원의 입구
에 조성된 만대루에서 바라보는 풍광은 아름답고도 시원하다. '만
대루晚對樓'라는 명칭은 중국 당나라 시인 두보의 오언율시 〈백제성
루白帝城樓〉의 "푸른 절벽은 오후에 늦게 대할 만하니, 백제성 계곡
에 모여 진하게 노니네"에서 따왔다. 병산서원의 가장 위쪽에는 유
성룡과 아들 유진의 위패를 모신 사당인 존덕사가 있다.

안동 하회마을 축제 행사에서는 하회마을에서 부용대까지 내건 줄불에 불을 붙여 부용대까지 올라가게 한 후, 불꽃을 떨어뜨리는 '선유줄불놀이'가 특히 인상적이었다. 부용대 쪽에는 유성룡이 《징비록》을 구상하고 집필한 산실인 옥연정사가 있다. 국보로 지정된 옥연정사는 임진왜란 전인 1586년에 완공되어 440년의 역사를 지니고 있는 고택이다. 옥연정사에서는 낙동강 건너편 하회마을의 풍경이 잘 조망된다.

안동은 '정신문화의 수도'라는 이름에 걸맞게 다수의 세계유산을 보유하고 있다. 2021년 1월 청량리에서 출발하는 고속철도가 개통되면서 안동의 접근성은 매우 좋아졌다. 더욱 가까워진 안동에 방문하여 인문 정신이 주는 가치들을 직접 체험해보기 바란다.

 **안동 하회마을 가는 길**

'경상북도 안동시 풍천면 하회리'의 하회마을은 KTX 안동역에서 내려 시내버스를 타고 30~40분 정도 가면 나온다. 하회마을에서는 유성룡의 종택인 충효당과 유운룡의 종택인 양진당, 유성룡의 유물을 전시한 영모각을 찾아보면 좋다. 충효당 앞에는 1999년 이곳을 찾은 엘리자베스 영국 여왕이 심은 나무도 있다. 2019년에는 앤드류 왕자가 하회마을을 찾았다.

# 1592년 한산도 대첩의
# 현장들

    1592년 7월 한산도 앞바다에서 조선군과 일본군 사이의 격전이 벌어졌다. 임진왜란 시작과 함께 파죽지세로 북진을 거듭한 일본군은 1592년 6월 평양성을 점령하고, 후속 부대의 지원을 기다렸다. 그러나 바닷길을 장악한 이순신(1545~1598) 장군의 활약으로 그 목적을 이룰 수가 없었다. 다급해진 도요토미 히데요시는 일본 수군의 해상 공격을 독려했고, 와키사카 야스하루는 7월 6일 70여 척의 군선을 이끌고 고성과 거제도의 경계인 견내량에 도착했다.

    이순신은 견내량 바깥 바다에 머무르며 지형을 살폈다. 포구가 좁아 판옥선이 서로 부딪칠 위험이 있고, 적이 육지로 도망칠 수 있는 곳임을 파악한 이순신은 한산도 앞 넓은 바다로 일본 함대를 유인했다. 7월 8일 판옥선 5~6척을 투입하여 일본 함대의 선봉과 전투를 하다가 후퇴했고, 일본 함선이 추격해왔다.

    공격 기회를 기다리던 이순신 함대는 한산도의 넓은 바다에서

학의 날개형으로 커다란 원을 그리는 전투대형인 학익진鶴翼陣 전술을 썼다. 적의 함대가 날개 안으로 들어오면, 적을 둘러싸고 지자총통, 현자총통, 승자총통을 쏘아댔다. 거북선 2척이 적의 함대를 뚫고 돌진했고, 판옥선들은 적의 배를 들이받으며 공격을 펼쳤다. 이순신은 《임진장초》에서 당시의 상황을 "장수들과 군사들이 승기를 타고 도약하였다. 서로 다투어 돌진하며 철환과 화살을 발사하기를 바람과 우레와 같이 하여 적선을 불사르고 적병을 사살하는 것을 일시에 해버렸다"고 기록했다.

일본은 함선 73척 중 66척이나 침몰이 되었지만, 조선 수군의 피해는 거의 없었다. 와키사카 야스하루는 구사일생으로 도주했으나, 그의 측근 장수들 다수가 사살되거나 자결했다. 이 전투가 바로 세계해전사에도 그 이름이 빛나는 한산도 대첩이다.

유성룡(1542~1607)은 《징비록》에서 "일본은 본시 수륙이 합세하여 서쪽으로 공격하려 하였다. 그러나 이 해전으로 인하여 한쪽 팔이 끊어져 버린 것처럼 되었다 … 조선군은 군량을 조달하고 호령을 전달할 수 있었기 때문에 국가 중흥을 이룰 수 있었다" 하며 한산도 대첩의 역사적 의의를 설명했다.

한산도에는 현재에도 이순신 장군 관련 유적지가 많이 남아 있다. 지휘 본부로 활용한 운주당의 자리에 세워진 제승당, 적의 동태를 감시하던 수루戍樓, 활쏘기 연습을 했던 한산정, 이순신 사후에 영정을 모신 사당인 충무사 등이 그것이다. 한산정은 활을 쏘는 곳과 과녁이 바다를 사이에 두고 설치되어 있다. 이순신 장군이 한

통영시 충무사. 충무사는 이순신 장군을 기념하기 위해 건립된 사당으로 통영뿐 아니라 진도, 해남, 여수, 순천, 고흥 등 전국 곳곳에 있어, 조선의 수군을 관장한 그의 업적을 기리고 있다.

산도 수루에서 읊었다고 전해지는 시조, "한산섬 달 밝은 밤에 수루에 홀로 앉아/큰 칼 옆에 차고 시름하는 차에/어디서 일성호가(한 곡조의 피리 소리)는 남의 애를 끊나니"가 김천택의 시조집 《청구영언》에 수록되어 지금도 전해온다.

2014년의 〈명량〉에 이어, 2022년에는 영화 〈한산〉이 개봉되어, 한산도 대첩의 승전을 영상으로 표현하기도 했다. 〈한산〉의 경우 부제를 '용의 출현'이라고 달아 한산도 대첩에서 거북선의 활약상을 특히 강조했다. 당시 영화에서는 박해일 배우가 이순신 장군을, 변요한 배우가 와키사카 야스하루를 연기했다. 와키사카 야스하루는 1597년의 명량해전에도 출정했는데, 영화 〈명량〉에서는 최민식 배우가 이순신 역을 맡았고, 조진웅 배우가 와키사카 야스하루 역을 맡았다.

한산도에는 삼도수군통제영이 설치되어 있었으며, 최고봉인 망산은 해발 293미터로 임진왜란 당시의 수루가 있어서 붙여진 이름이다. 통영에서 배를 타고 30분 정도 가면 이곳에 도착할 수 있는데, 넓게 펼쳐진 바다에서 1963년 건립된 우리나라 최초 조형 등대인 거북등대를 볼 수도 있다.

 **한산도 가는 길**

경상남도 통영시 한산도에 가려면 통영유람선 터미널에 가야 한다. 2층 매표소에서 표를 구매하여 배를 타고 30분 정도 가면 한산도에 도착한다. 한산도에 도착할 때쯤 되면 거북등대를 만날 수 있다.

# 산천재,
# 남명 조식과 의병

호국영령을 추모하는 기념일인 6월 6일 현충일, 많은 순국자의 희생을 되새겨 보는 6.25전쟁이 있었던 6월은 호국보훈의 달로 기억이 되고 있다. 역사 속에서도 나라를 지키기 위해 희생한 분들이 많았다. 1592년 임진왜란이 일어났을 때 자발적으로 일어난 의병들의 항쟁이 대표적이다. 곽재우(1552~1617) 장군이 최초로 의병을 일으켰던 4월 22일을 양력으로 계산하고 호국보훈의 달의 첫날인 6월 1일의 상징성을 고려하여, 2010년부터 6월 1일이 '의병의 날'로 지정되었다. 이후 2011년 제1회 의병의 날 기념식이 곽재우가 의병을 일으킨 경남 의령에서 개최되었다.

《선조실록》에는 "유생 곽재우는 젊어서 활쏘기와 말타기를 연습하였고 집안이 본래 부유하였는데, 변란을 들은 뒤에는 그 재산을 다 흩어 위병을 모집하니 수하에 장사들이 상당히 많았다. 가장 먼저 군사를 일으켜 초계의 빈 성으로 들어가 병장기와 군량을 취득하였다"라고 곽재우가 처음 의병을 일으킨 상황을 기록하고 있다. 사재를 털어 의병을 일으킨 모습은 '노블레스 오블리주(사회 지도층의 도덕적 책임)'를 연상시킨다.

임진왜란 때 곽재우, 김면, 정인홍 등 의병장의 배출과 의병 항쟁의 사상적 기반을 제공한 인물은 남명 조식(1501~1572)이다. 곽재우는 그의 제자이자 외손녀사위이기도 했다. 조식은 평소에도 병법과 무武의 중요성을 강조했고, 곽재우에게는 직접 병법을 전수했다는 기록도 보인다.

조식은 16세기 당대에는 퇴계 이황(1501~1571)과 더불어 영남학파의 양대 산맥으로 지칭되었던 인물이었다. 18세기의 실학자 이익(1681~1763)은 조식과 이황을 평하면서, "이황의 학문이 바다처럼 넓다면 조식의 기질은 태산처럼 높다"고 두 사람의 기질적인 특징을 함축적으로 표현했다. 조식은 무엇보다 학문에 있어서 수양과 실천의 중요성을 강조했다.

경敬과 의義는 그의 사상의 핵심이었다. 조식은 '경'을 통한 수양을 바탕으로, 외부의 모순에 대해 과감하게 실천하는 개념인 '의'를 신념화했다. 경의 상징으로 성성자惺惺子(항상 깨어있음)라는 방울을, 의의 상징으로는 경의검敬義劍이라는 칼을 찼으며, 칼에는 "내명자경 외단자의內明者敬 外斷者義(안으로 자신을 밝히는 것은 경이요 밖으로 과감히 결단하는 것은 의이다)"라고 새겨 놓았다.

방울과 칼을 찬 선비 학자의 모습은 언뜻 생각하기 힘든 캐릭터이지만, 조식은 실제 생활에서 이러한 모습을 실천해 나갔다. 조정

산천재의 모습. 남명 조식의 생가로 조식은 번잡한 김해를 떠나 지리산 천왕봉 아래 덕산에 자리 잡고 산천재를 짓고서 오직 학문과 제자 양성에 전념했다. 손수 심은 매화나무인 '남명매'도 유명하다.

에 잘못된 상황이 있을 때마다 상소문을 통해 과감하게 그 문제점을 지적했고, 왜구의 침략에 대비하여 후학들에게는 강경한 대외관을 심어 주었다. 조식의 의義는 상벌에 엄격한 무인의 기질에도 어울리며, 그가 차고 다녔던 칼의 이미지와도 맥락을 같이한다.

1592년 임진왜란 때 정인홍, 곽재우, 김면, 조종도 등 남명 문하에서 최대의 의병장이 배출된 것도 남명의 가르침이 결코 헛되지 않았음을 보여주는 것이다. 조식이 스스로에 엄격했음은 〈욕천浴川〉이라는 시에서 가장 압축적으로 나타난다. "그래도 티끌 먼지가 오장에 남았거든 바로 배를 갈라 흐르는 물에 보내리라"는 시구에서 보이듯, 유학자의 입에서 나왔다고 믿기 어려울 정도의 과감한 표현을 썼으며, 그만큼 자신을 다잡는 강한 의지를 표출했다.

조식이 후학들을 가르쳤던 경남 산청의 산천재 인근에는 2015년 '한국선비문화연구원'이 설립되었고, 조식의 실천 중시 사상을 현재에도 계승할 수 있는 중심기관으로 자리잡아 가고 있다. 의를 강조한 조식의 사상이 국난의 시기에 큰 힘을 발휘했던 점은 현재에도 시사하는 바가 크다. 그의 문하에서 수많은 의병장과 의병이 배출되었고, 이들의 활약은 임진왜란 초반 일본군에 패전을 거듭하면서 위기에 몰렸던 조선군이 반격을 꾀할 수 있는 발판을 마련했다.

호국보훈의 달에 다시 소환하고 싶은 역사적 인물 조식. 그리고 스승의 뜻을 계승하여 위기의 시기 국난을 극복했던 의병들의 삶을 기억했으면 한다.

 산천재 가는 길

'경상남도 산청군 시천면 남명로 사리마을'의 산천재는 진주에서 중산리, 덕산 방면으로 가는 버스를 타고 사리버스정류장에서 내려 버스가 간 방향으로 100 미터쯤 가면 남명기념관 맞은편에 있다.

# 안동 도산면에서 찾는
# 퇴계의 향기

　퇴계 이황(1501~1570) 하면 가장 먼저 떠오르는 것은 조선을 대
표하는 성리학자, 그리고 천 원 지폐에 그려진 초상이다. 천 원 지
폐의 앞면에는 성균관 명륜당과 함께 매화나무가 그려져 있는데,
이것은 이황이 성균관의 책임자인 성균관 대사성을 지냈고, 가장
사랑한 나무가 매화나무였기 때문이다. 지폐의 뒷면에는 이황이
후학들을 가르친 '도산서당' 자리에 선생 사후에 건립된 도산서원
이 그려져 있다.

　도산서원의 명성에 비하여, 이곳에서 자동차로 불과 10분 거리
에 있는 퇴계종택은 잘 알려지지 않았다. 퇴계종택은 이황의 장손
인 이안도가 처음 지었으나 불타 버렸고, 13대손 이충호가 1929년
에 다시 지어서 지금까지 종손이 거주하고 있다. 이곳에는 '퇴계선
생구택'이라는 현판이 보인다.

　종택의 크기는 총 34칸으로 ㅁ자형이며, 종택 오른쪽에는 정면

퇴계종택과 '추월한수정'의 모습. 추월한수정은 조선 중기의 문신 권두경이 1715년(숙종 41) 퇴계 이황의 도학을 추구하고자 이황이 자라고 공부하며 은퇴 후 머문 곳을 찾아 세운 정자다.

5칸, 측면 2칸의 팔작지붕을 한 '추월한수정秋月寒水亭'이라는 정자가 있다. 필자는 2022년에 퇴계종택을 찾았고, 이황의 16대 종손인 이근필 옹(2024년 별세)을 만나 뵐 수 있었다. 90세가 넘는 고령임에도 예로써 손님들을 접대하는 맑은 풍모에서, 퇴계 선생의 종손임을 그대로 느낄 수 있었다.

종택에서 조금 떨어진 곳에 이황의 묘소도 찾을 수 있다. 묘소 동쪽에 놓인 조촐한 비석에는 '퇴도만은退陶晚隱 진성이공지묘眞城李公之墓'라는 글씨가 보인다. '도산에서 물러나 만년을 숨어산 진성이씨의 묘'라는 뜻이다. 종택 가까이에 퇴계 이황의 탄생을 알린 공간인 태실이 있는 것도 주목할 만하다. 퇴계 태실은 1454년(단종 2)

에 조부 이계양이 지은 집으로, 이곳에서 퇴계 이황이 태어나 퇴계 태실이라 부른다. 퇴계 이황이 태어난 방에는 '퇴계선생태실'이라는 현판이 걸려 있다. 태실의 동쪽에 노송정이 있어서, 노송정 종택이라고도 한다. 노송정은 이계양의 호인데, 현판의 글씨는 한석봉이 쓴 것이다. '퇴계'라는 호는 이황이 살던 곳에 흐르던 계천(시내와 내를 아울러 이르는 말) '토계兎溪'에서 나온 것이다. 이황이 은퇴하여 고향에서 후학들을 가르치겠다는 의지를 담아, '토계'를 '퇴계'로 고친 것이다.

이황 학문의 산실로 꼽히는 도산서원은 1557년 이황이 후학들을 가르치기 위해 손수 지은 글방인 도산서당에서 출발한다. 이황은 완락재에 기거하면서 학문을 연구했고 암서헌에서 제자들을 가르쳤다. 서당 서편에는 8칸 건물로 제자들의 기숙사로 사용하던 '농운정사'가 있었다. 완락재玩樂齋의 명칭은 주자의 《명당실기》에 '완상하여 즐기니, 족히 여기서 평생 지내도 싫지 않겠다'고 한 말에서 따온 것이며, 암서헌巖栖軒의 명칭은 주자의 〈운곡雲谷〉이라는 시에 "학문에 대한 자신을 오래도록 가지지 못했더니 바위에 깃들어巖栖 조그만 효험이라도 바란다"는 말에서 따온 것이다.

이처럼 도산서당을 구성하는 건물의 이름에도 이황이 평생 존모(존경하여 그리워함)했던 주자의 자취가 서려 있다. 서당의 앞은 낙동강이 멀리 휘돌아 그 앞에서 큰 호수를 이루었다. 이에 이황은 굴원의 〈어부사〉의 한 글귀를 인용하여 탁영담濯纓潭이라 칭했다. 탁영담에는 강물이 불고 줄어듦에 따라서 그 모습을 감추었다 내

비췄다 하는 바위가 있었는데 이를 반타석盤陀石이라 했다. 이황은 61세 되던 해 4월 16일에 조카 교, 손자 안도, 제자 이덕홍을 데리고 달빛 아래 배를 띄어 탁영담을 거슬러 반타석에 배를 대고 술잔을 기울이면서 소동파의 〈전적벽부〉를 읊었다고 한다.

도산서당과 그 앞의 호수는 이황에게 풍류의 즐거움을 안겨다 준 곳이었다. 도산서원은 퇴계 이황이 세상을 떠나고 5년이 지난 1575년에 후학들이 그를 영원히 기리기 위해 도산서당의 자리에 지은 것이다.

 **퇴계종택 가는 길**

'경상북도 안동시 백운로 268'의 퇴계종택은 KTX 안동역에서 내려 안동역과 안동버스터미널 사이에 있는 교보생명 앞 시내버스 정류장에서 567번 버스를 타고 온혜리에서 하차하면 나온다.

# 남해 금산
# 보리암

2022년 7월 경상남도 남해 지역을 답사하고 돌아왔다. 1년 전에도 이 지역을 답사했는데, 이번에는 국립중앙도서관에서 주관하는 '나의 책 나의 인문기행' 행사로 참여했다. 사전 강연과 더불어 진행되는 현장 답사는 코로나 19로 인해 2년 동안 진행되지 못했다가, 3년 만에 행사가 재개되었다.

이 답사에서 가장 인상적인 곳은 금산錦山 보리암이었다. 해발 705미터의 금산은 한려해상 국립공원 내에서 유일한 산악공원이기도 한데, 태조 이성계의 조선 건국과 관련된 사연이 전해진다. 고려 말 이성계는 이곳에서 새로운 나라의 창업을 소원한 백일기도를 한 뒤, 실제 창업을 하자 보은의 의미로 산 이름을 '비단으로 덮은 산'이라는 뜻의 '금산'이라 했다고 한다.

이성계는 왕이 되기 위해 백두산, 금강산, 지리산 등 명산을 찾아다니며 기도를 올렸지만, 어느 산에서도 감응이 없었다. 금산은

남해 금산 보리암의 해수관음보살상. 원효가 창건했다고 알려져 있는 보리암은 절벽 위에 자리 잡고 있는데 이곳에서는 온갖 기이한 암석과 짙푸른 남해를 한눈에 감상할 수 있다. 인자한 미소로 남해바다를 지그시 내려다보는 해수관음보살상이 있어 먼 길을 찾아온 사람들이 간절하게 소망을 빌기도 한다.

이성계의 소원을 들어 준 유일한 산이기도 했다. 금산의 대표 사찰 보리암은 절벽 위에 자리를 잡고 있는데, 신라의 고승 원효가 창건했다고 알려져 있다. 원효가 관음보살을 친견한 후 세웠기 때문에, 관음보살을 주불(법당에 모신 부처 가운데 가장 으뜸인 부처)로 모시고 있다. 관음보살은 자비로 중생의 괴로움을 구제하고 왕생의 길로 인도하는 불교의 보살로, 특히 바다와 인연이 깊다.

우리나라에서는 금산 보리암과 더불어 양양의 낙산사, 강화 석모도의 보문사가 3대 해수관음의 성지로 손꼽히고 있는데, 각각 남해, 동해, 서해를 대표한다. 이외에도 남해에는 "떠나는 미륵을 도왔다"는 의미의 '미조彌助', "관음보살을 친견했다"는 뜻의 '관음포觀

音浦' 등 불교와 관련된 지명들이 다수 남아 있다.

이성계의 소원을 들어주었기 때문일까? 지금도 보리암은 기도를 하면 소원을 꼭 들어준다는 믿음 때문에, 각종 입시와 취직을 기원하는 기도처로 사람들의 발길이 끊이지 않고 있다. 필자가 이곳을 찾았을 때도 수능 시험 100일 기도 접수처라는 현수막을 볼 수 있었다. 기회가 되면 한반도의 끝 남해 보리암에서, 각자의 소원을 빌어보기를 바란다.

 **보리암 가는 길**

'경상남도 남해군 상주면 보리암로 665'의 보리암은 남해공용터미널에서 농어촌버스나 뚜벅이버스를 타고 복곡1주차장에서 내려 셔틀버스를 타고 10분 정도 산길을 올라가면 만날 수 있다.

# 남해 노도와
# 유배문학관

경상남도 남해 지역은 이순신 장군이 순국한 곳이면서, 조선 후기를 대표하는 문장가 김만중(1637~1692)의 유배지이기도 하다. 이순신 장군이 노량해전에서 순국한 후 유해가 처음 내려진 관음포 순국공원, 창선면의 멸치 죽방렴 체험장, 독일마을, 상주 해수욕장 등을 둘러 본 후 도착한 곳은 노도櫓島였다. 배를 젓는 노를 많이 생산한 섬이라 하여 노도, 섬 모양이 삿갓처럼 생겨 '삿갓섬'이라고도 부른다.

노도를 가장 기억하게 하는 인물은 조선 후기의 학자 서포 김만중이다. 김만중은 서인의 중심인물로 활약하면서, 인현왕후의 폐위를 반대하다가 노도에 유배되었고, 이곳에서 국문소설 《사씨남정기》를 썼다. 간교를 부리는 교씨와 교씨의 탄압을 받은 사씨에 빗대어 장희빈과 인현왕후의 관계를 묘사한 작품으로, 김만중은 《사씨남정기》를 통해 숙종의 정치적 잘못을 비판했다.

김만중의 유배지였던 남해 노도의 모습. 노도는 남해에서도 더 남쪽에 있는 섬 중의 섬으로 지금도 멀지만 조선시대 한양에서 가장 먼 땅이자 천혜의 유배지였다.

김만중은 유배지에서 3년 만에 생을 마쳤는데, 《숙종실록》은 "적소(귀양살이 하는 곳)에서 어머니의 상사를 만나 분상(먼 곳에서 어버이의 죽음을 듣고 집으로 급히 돌아감)할 수 없으므로, 애통하여 울부짖다 병이 되어 졸하게 되었다"고 기록하고 있다. 김만중이 사망한 후 2년 후인 1694년(숙종 20) 서인이 재집권하는 갑술환국이 일어났으니, 김만중은 지하에서나마 정치적 꿈을 이루게 되었다.

노도에는 서포문학관, 작가창작실, 야외전시장 등이 조성되어 있다. 남해군은 2010년 남해에 유배되어 문학작품을 완성한 대표적 인물 김만중, 남해에서 유배생활을 했던 김구, 이이명 등의 흔적을 모아 남해유배문학관을 건립했다.

국내 최초, 최대의 유배문학관인 이곳 앞에는 김만중의 동상이 세워져 있고, 주제별 전시관과 체험장을 통해 유배문학에 대한 체계적인 이해를 돕고 있다. 두보, 도스토옙스키 등 유배를 경험한 세계적인 인물에 대한 전시도 흥미를 끈다. 한반도의 끝 남해에 가면 가장 먼저 유배라는 격리의 시간을 문학작품으로 승화시킨 김만중의 숨결을 느낄 수 있을 것이다.

 노도 가는 길

'경상남도 남해군 상주면'에 있다. 서울의 남부터미널에서 남해행 버스를 이용할 수 있다. 남해버스터미널에서 미조 방면 군내버스나 농어촌버스를 타고 50분 정도 가서 벽련마을 정류장에서 내려 도보로 10분 정도 가면 벽련선착장이 나온다. 벽련선착장에서 노도호를 타고 5분 정도 가면 노도에 도착한다.

# 노량해전과
# 남해 관음포 유적

1598년 11월 19일(음력)의 겨울 바다는 그 어느 때보다도 차갑고 비장했다. 임진왜란의 마지막 격전이 이곳에서 벌어졌기 때문이다. 임진왜란을 일으킨 장본인 도요토미 히데요시가 1598년 8월(음력) 사망하면서, 조선에 주둔한 일본군에게는 전군 철수 명령이 떨어졌다. 고니시 유키나가는 명나라 제독 진린陳璘에게 뇌물까지 주며 퇴로를 요청했지만, 이순신의 강력한 반대로 뜻을 이루지 못했다.

고니시는 경상남도 사천과 남해의 일본 수군에게 구원을 청하여 전선 500여 척을 남해와 하동 사이의 노량 앞바다에 집결시켰다. 이순신 장군은 휘하 장병에게 진격 명령을 내려 노량에서 적선 50여 척을 격파하고 200여 명의 적병을 죽였다. 일본군이 남해의 관음포 방면으로 후퇴하자, 이순신은 적선의 퇴로를 막고 공격을 가하는 한편 적에게 포위된 진린도 구출했다.

남해 관음포 이충무공 유적의 유언비. 이순신 장군의 전몰터로 1973년 사적으로 지정된 이곳의 유언비에는 "전방급 신물언아사戰方急 愼勿言我死(싸움이 바야흐로 급하니, 삼가 나의 죽음을 말하지 말라)"라는 장군의 마지막 말씀이 새겨져 있다.

400여 척의 전선을 격파당한 일본군이 남해 방면으로 후퇴하자 이순신은 이들을 끝까지 추격했고, 결국 적의 유탄에 맞아 전사했다. 이순신은 죽는 순간까지 조카 이완에게 자신의 죽음을 알리지 말고 끝까지 추격할 것을 명했다. 승리한 조선군은 일본군을 완전히 격파한 후 장군의 전사 소식을 들었다. 유성룡은 《징비록》에서 "이순신이 죽었다는 소식을 들은 우리 군사와 명나라 군사들은 각 진영에서 통곡을 그치지 않았는데, 마치 그 부모가 세상을 떠난 듯 슬퍼했다"고 기록하고 있다.

남해의 관음포에는 사적 제232호인 '관음포 이충무공전몰유허'

에 이순신 순국공원이 조성되어 있다. 전사 후 장군의 시신을 옮긴 곳이다. 1832년(순조 32) 이순신의 8대손 이항권이 제단을 설치하고, 비와 각을 세우고 장군을 모신 사당이 이락사다.

　이락사 입구 오른쪽 자연석에는 "전방급 신물언아사戰方急 慎勿言 我死(싸움이 바야흐로 급하니, 삼가 나의 죽음을 말하지 말라)"라는 장군의 마지막 말씀이 새겨져 있다. 이락사에서 바닷가 쪽으로 뻗은 언덕 끝 첨망대에 서면 노량해전의 전장이 한눈에 보이는데, 장군의 호국 정신을 직접 체험할 수 있다.

 **이락사 가는 길**

'경상남도 남해군 고현면 차면리 산125번지'의 이락사는 남해공용터미널에서 대사·노량행 버스를 타면 만날 수 있다.

# 영천 임고서원과
# 고천서원

    경상북도 영천은 중앙선과 대구선 철도가 연결되는 교통의 중심지여서 한때는 경북 지역 물산의 집산지 역할을 하는 지역이었다. 특히 한약재들이 이곳을 중심으로 유통되어, 한약방들이 발달했고 그 전통을 이어 현재 영천에는 한의마을이 조성되어 있다.

    영천은 청정한 지역적 여건으로 인해 우리나라에서 별자리를 관측하기에 최적의 장소이기도 하다. 영천의 보현산 천문과학관에는 천체망원경을 설치하여 별자리를 관측하고 있는데, 만 원권 지폐 뒷면에 그려진 천체망원경이 바로 그것이다.

    영천은 충절의 고장으로도 명성이 높다. 고려시대, 나아가 우리 역사 속에서 충절의 상징으로 손꼽히는 정몽주(1337~1392) 선생이 태어난 곳이 영천이다. 영천에는 정몽주를 배향한 임고서원이 있다. 임고서원은 1553년(명종 8)에 창건된 후 임진왜란으로 소실된 것을, 1603년(선조 36)에 중건했다. 인조 때는 장현광이, 정조 때는

영천 임고서원. 정몽주를 배향한 서원으로 1553년(명종 8)에 창건된 후 임진왜란으로 소실된 것을, 1603년(선조 36)에 중건했다.

황보인이 추가로 배향되었다. 흥선대원군의 서원 철폐령으로 1871년 훼손된 것을, 현대에 와서 다시 복원하기도 했다.

임고서원에 소장된 대표적인 문화재는 보물로 지정된 정몽주 영정이다. 조선 후기인 1629년에 고려 말의 문신, 학자인 정몽주를 그린 초상화로 비단에 채색되었고, 여말선초의 복제인 오사모와 청포단령을 입고 의자에 앉아 있는 모습이다. 영천의 상징적인 누각인 조양각에는 정몽주가 이곳을 묘사한 시도 남아 있다.

임고서원 맞은편에는 임진왜란 당시 전사한 10명의 의사들을 배향한 고천서원이 있다. 이곳에 배향된 의사들은 관군이 패전을 거듭하던 임진왜란 초기에 영천성을 사수하는 큰 전과를 거두었으나, 경주 전투에서 모두 순국했다. 1940년 영천 유림의 공의로 사당을 조성하고 순국사殉國祠라는 현판을 달았다. 임고서원과 고천서원은 충절과 호국의 고장 영천을 상징하는 유적지로, 6·25전쟁 시기에도 영천 지역은 낙동강 방어선 사수의 요충지가 되면서 선조들의 호국정신을 이어갔다.

**임고서원 가는 길**

'경상북도 영천시 임고면 양항리 493'의 임고서원은 영천시외버스터미널에서 20~30분 정도 버스를 타고 임고서원 정류장에서 내리면 만날 수 있다. 영천까지는 KTX 열차를 이용할 수 있다.

# 함양 개평마을과
# 남계서원

　봄이 오는 소리가 사방에서 들려오는 계절이 되면 따사로운 햇볕과 함께 우리의 눈을 맑게 하는 꽃들과의 만남이 즐겁다. 봄의 정취와 함께 역사 인물의 향기를 접할 수 있는 대표적인 공간으로 필자는 경상남도 함양에 소재한 개평마을과 남계서원을 소개한다.

　개평마을은 이곳 출신의 성리학자 일두 정여창(1450~1504)을 배출한 하동 정씨와 풍천 노씨 후손들이 대대로 살아온 마을이며, 남계서원은 정여창을 배향한 서원이다. 정여창의 호 '일두'는 하나의 좀벌레란 뜻으로, 자신을 낮추어 표현한 것이다. 정여창은 함양 지역을 중심으로 후학들을 양성했고, 정여창 사후에 그를 기리는 남계서원이 세워졌다. 남계서원은 백운동서원에 이어 두 번째로 세워진 유서 깊은 서원으로, 임진왜란과 정유재란 때는 함양지역의 의병활동을 주도한 곳이었다.

　1610년(광해군 2)에 정여창은 김굉필과 함께 성균관 문묘(공자를

정여창을 배향한 남계서원. 남계서원은 정여창의 학덕을 기리기 위해 세워진 유서 깊은 서원으로, 임진왜란과 정유재란 때는 함양지역 의병활동을 주도한 곳이었다.

모신 사당)에 배향되었다. 공자를 모신 사당인 문묘에 배향된다는 것은 최고의 영예였다. 당시 오현으로 문묘에 종사된 인물은 김굉필, 정여창, 조광조, 이언적, 이황이었다.

남계서원은 2019년 세계유산으로 지정된 한국의 서원 9곳 중 1곳이기도 하다. 1552년(명종 7) 개암 강익이 정여창의 학덕을 기리기 위해 창건했다. 1566년(명종 21)에 '남계'라는 편액을 하사받았다. 정유재란 시기 불타 없어진 것을 복원하여 1603년(선조 36)에 나촌으로 옮겼다가, 1612년(광해군 4) 현재의 위치에 다시 지었다.

정문 누각의 이름은 풍영루風詠樓인데, 《논어》의 "기수에서 목욕

하고 무우에서 바람을 쐬이고 노래하며 돌아오겠다"는 구절을 인용한 것이다. 경사의 지형 조건을 활용하여 앞쪽은 강학, 뒤쪽은 제향 공간이라는 전학후묘의 형식을 취하고 있는 대표적인 서원이기도 하다. 1868년 서원 철폐령에도 훼철되지 않고 남아 있었기에 유네스코 세계유산으로 지정될 수 있었다.

남계서원 인근에 있는 함양 개평마을은 하동 정씨 집성촌으로, 가장 중심이 되는 곳에 정여창의 고택인 '일두고택'이 남아 있다. 일두고택은 정여창의 생가 자리에 지은 건물이다. 지형이 마치 댓잎 네 개가 붙어 있는 개介자 형상이라 '개평마을'이라는 이름이 생겼다고 한다. 마을에는 돌담길의 담장이 길게 늘어서 있고, 개울을 따라 60여 채의 전통 한옥들이 서로 기대어 다정하게 자리 잡고 있다.

일두고택의 솟을대문에는 정려(충신, 효자, 열녀 등을 그 동네에 정문을 세워 표창하던 일) 편액이 5개 걸려 있으며, 사랑채에는 '문헌세가文獻世家', '충효절의忠孝節義', '백세청풍百世淸風' 등을 써 붙인 현판 글씨가 눈에 들어온다. 정여창이 실천했던 성리학의 의리와 충절 정신을 계승하여 다수의 효자와 학자를 배출한 가문의 자부심이 드러나 있다.

 **남계서원 가는 길**

'경상남도 함양군 수동면 남계서원길 8-11'의 남계서원은 함양시외버스터미널
에서 도보로 좌측 함양군청 방면으로 이동하여, 횡단보도를 통해 길 건너편에서
함양지리산 고속버스를 탄 다음, 남계정류장에서 하차하여 표지판을 따라 걸어
가면 나온다.

# 장사상륙작전
# 전승기념관

　1950년 9월 15일은 6·25전쟁에서 가장 큰 반격의 기틀을 마련한 인천상륙작전이 성공한 날이다. 북한군의 기습적인 남침에 3일 만에 서울을 점령당하고, 후퇴를 거듭하던 한국군은 유엔군 사령관 맥아더가 지휘한 인천상륙작전으로 9월 28일 서울을 다시 수복할 수 있게 되었다.

　그런데 인천상륙작전 성공에 현재의 동해안 영덕군 남정면 장사리에서 진행된 장사상륙작전이 있었음을 기억하는 사람이 그리 많지 않다. 유엔군은 인천상륙작전의 성공을 위해 동해안에서도 상륙작전을 전개하면서, 북한군을 교란하고 전력을 분산시키는 작전을 선택했다. 동해안에서 상륙작전 지역으로 선정된 곳이 바로 장사리였다.

　장사리에는 원래 미군이 가기로 했다가, 경상도 지역의 학도의용군을 모집하여 가게 되었다. 대부분 16세에서 19세까지의 어린

장사상륙작전 전승기념관. 장사상륙작전 전승기념관은 국내 최초이자 유일하게 바다 위에 건립한 호국전시관이다. 기념관은 6·25전쟁 당시 인천상륙작전 성공을 위해 수행된 장사상륙작전에 실제로 투입된 문산호를 재현해 만들었다.

병사들이었다. 문산호에 탑승한 학도의용군들은 태풍까지 겹쳐 배가 좌초되는 어려움 속에서도, 장사리에 상륙하여 북한군과 치열하게 전투를 벌였다. 뒤늦게 구조선이 도착했지만, 북한군의 포격 속에 다수의 병사가 희생되었고, 그나마 구조선도 빨리 떠나면서 상당수는 포로로 잡혀가게 되었다. 그러나 6일간의 전투에서 7번 국도를 봉쇄하여 북한군의 보급로를 차단하고, 북한군의 주력 부대를 동해안으로 유인하여 궁극적으로는 인천상륙작전의 성공을 이끌었다. 이런 점에서 장사상륙작전이 6·25전쟁에서 차지하는 의미는 크게 재평가될 필요가 있다.

2019년 장사리의 극적인 전투상황을 영화로 만든 〈장사리: 잊혀진 영웅들〉이 제작되고 2020년 장사상륙작전 전승기념관이 개관하면서, 이제 많은 이들이 장사리 전투와 조국을 위해 분전한 학도의용군들의 모습을 기억하게 되었다. 문산호는 좌초되어 현재 바닷속에 있지만, 당시의 상륙선을 재현한 전승기념관을 통해 그 안에서 바다를 조망하면서 당시의 모습을 느낄 수 있다.

 **장사상륙작전 전승기념관 가는 길**

'경상북도 영덕군 남정면 장사리 74-2'의 장사상륙작전 전승기념관은 영덕터미널에서 지역버스를 타고 가면 나온다. 장사해수욕장 해변에 있다.

# 이육사문학관과
# 육우당

　이상룡, 김용환 등과 함께 안동 지역을 대표하는 독립운동가는 이육사(1904~1944)다. 학창 시절 교과서에 〈광야〉와 〈청포도〉 시가 소개되어 우리에게 친숙한 이육사는 일제 강점기 독립운동가로 크게 활약했다. 1904년 경상북도 예안군 의동면 원촌동(현재 안동시 도산면 원천리 원촌마을)에서 퇴계 이황의 14대손으로 태어났다. 본명은 원록은 또는 원삼이며, 활로 개명했다. 안동에서 조부로부터 한학을 배우고 대구 교남학교에서 수학했으며, 1925년 독립운동단체인 의열단에 가입했다.

　이황의 후손이라는 명문가의 자존심은 그를 독립운동으로 투신하게 하는 큰 원동력이 되었을 것이다. 1926년 베이징으로 가서 베이징 사관학교에 입학했고, 1927년 조선은행 대구지점 폭파사건에 연루되어 대구형무소에서 3년간 옥고를 치렀다. 그때의 죄수번호 264를 따서 호를 '육사'라고 지었다고 한다. 출옥 후 다시 중국에서 독립운동을 계속하다가, 1933년 귀국하여 〈청포도〉, 〈광야〉, 〈절정〉 등 불후의 명시들을 발표하게 된다.

그리고 1943년 다시 중국으로 가 독립운동을 하다가 체포된 후 1944년 베이징 감옥에서 순국했다. 2004년 그의 고향인 안동에 이육사문학관이 세워졌다. 안동시에서는 이곳 강변도로를 '이육사로'로 개칭하며, 그를 기리고 있다. 문학관은 크게 작품과 편지 등을 전시한 전시관과 생활관, 이육사생가를 옮겨와 복원한 육우당六友堂으로 구성되어 있다.

'여섯 형제의 우의를 지키는 집'이라는 뜻의 육우당은 원래 현재 청포도 시비가 세워진 원천리에 있었으나 안동댐 조성으로 수몰되자, 1976년 4월에 안동시 태화동으로 이건되었다. 수몰 이후 생가의 기능이 훼손되자, 고증을 거쳐서 복원한 모습이 현재 모습이다. 이 집에서는 육사와 원기, 원일, 원조, 원창, 원홍 6형제가 태어났으며, 육사는 16세까지 이곳에서 살았다. 이육사가 안동을 기억하며 지은 대표적인 시가 1939년 8월 문학잡지《문장》에 발표한 〈청포도〉다.

"내 고장 칠 월은 청포도가 익어 가는 시절/이 마을 전설이 주저리주저리 열리고/먼 데 하늘이 꿈꾸려 알알이 들어와 박혀/하늘 밑 푸른 바다가 가슴을 열고/흰 돛단배가 곱게 밀려서 오면/내가 바라는 손님은 고달픈 몸으로/청포靑袍를 입고 찾아온다고 했으니/내 그를 맞아 이 포도를 따 먹으면/두 손은 함뿍 적셔도 좋으련/아이야 우리 식탁엔 은쟁반에/하이얀 모시 수건을 마련해 두렴"

이육사 문학관 옆에 위치한 육우당. 육우당은 이육사생가를 복원한 것으로 원래 현재 청포도 시비가 세워진 원천리에 있었으나 안동댐 조성으로 수몰되자, 1976년 4월에 안동시 태화동으로 이건되었다.

이 시에서 손님은 조국의 독립을, 청포도는 평화로운 세계를 의미한다고 보고 있다. 〈청포도〉를 널리 기억하기 위해 이육사문학관에서는 안동지역 청포도로 만든 와인을 소개하고 있다.

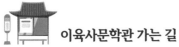 **이육사문학관 가는 길**

'경상북도 안동시 도산면 원천리 900'의 이육사문학관은 KTX 안동역에서 내려 안동역과 안동버스터미널 사이에 있는 교보생명 앞 시내버스 정류장에서 567번 버스를 타고 원천리·이육사문학관 정류장에서 하차하면 나온다.

# 《훈민정음 해례본》의
# 발견

한글날은 세종이 1443년(세종 25) 훈민정음을 창제한 후, 3년여의 준비 기간을 거쳐 반포한 날이었다. 1443년 12월 30일 《세종실록》에는 "이달에 임금이 친히 언문 28자를 지었는데, 그 글자가 옛 전자를 모방하고, 초성·중성·종성으로 나누어 합한 연후에야 글자를 이루었다. … 글자는 비록 간단하고 요약하지만 전환하는 것이 무궁하니, 이것을 훈민정음이라고 일렀다"고 기록하고 있다.

1940년 경상북도 안동에서 발견되어 현재는 간송미술관에 소장되어 있는 《훈민정음 해례본》 서문에는 "정통 11년(1446년) 9월 상한(10일)"에 정인지가 썼다는 기록이 있다. 이에 의거하여 해방 후 음력 9월 10일인 양력 10월 9일을 한글날로 확정했다. 한글은 창제 동기가 밝혀져 있는 문자라는 점에서도 그 의미가 크다.

세종은 "나라의 말씀이 중국과 달라 문자와 서로 통하지 않으므로, 어리석은 백성들이 말을 하고자 하는 바가 있어도 마침내 제

《훈민정음 해례본》 영인본. 《훈민정음》은 크게 '예의'와 '해례'로 나누어져 있다. '예의'는 세종이 직접 지었는데 한글을 만든 이유와 한글의 사용법을 간략하게 설명한 글이다. '해례'는 성삼문, 박팽년 등 세종을 보필하며 한글을 만들었던 집현전 학사들이 한글의 자음과 모음을 만든 원리와 용법을 상세하게 설명한 글이다.

뜻을 펴지 못한 경우가 많다. 내가 이를 가련하게 여겨, 새로 스물여덟 글자를 만드니 쉽게 써서 편안하게 하고자 한다"라고 하며 자주, 애민, 실용 정신이 한글 창제의 주요 목적임을 밝히고 있다.

그러나 1444년(세종 26) 2월 20일 집현전 부제학 최만리 등이 중심이 되어 한글 창제를 반대하는 상소를 올렸다. 대국을 섬기고 중화를 사모하는 데 부끄러움이 크다는 것, 설총이 만든 이두가 있으므로 한글을 창제할 필요성이 없다는 것, 한글은 하나의 기예라는 것 등을 주요한 이유로 내세웠다.

이에 대하여 세종은 이두를 제작한 본뜻이 백성을 편리하게 하려 한 것처럼 지금의 한글도 백성을 편리하게 하려 한 글자라는 점, 옥사(중대한 범죄를 다스림)에 임하여 한글을 쓰면 어리석은 백성들도 쉽게 알아들어서 억울함을 품을 자가 없으리라는 점, 삼강행실三綱行實을 한글로 번역하여 민간에 배포하면 충신, 효자, 열녀가 많이 나오리라는 점 등을 강조했다. 세종은 최만리의 반대에 논리적으로 조목조목 지적하면서, 1446년(세종 28) 공식적으로 한글을 반포했다.

훈민정음의 창제로 어려운 한자 대신에 쉬운 한글 시대를 맞이하는 전기를 맞이했다. 양반 사대부들은 여전히 한자를 선호했지만, 한자의 벽을 넘기 어려운 백성이나 부녀자에게 있어 한글은 가뭄 끝 단비 같은 역할을 했다. 세종은 미래를 예견했다는 느낌을 주는 왕이다.

요즈음과 같은 정보화 시대에 한글처럼 문자를 보내기 쉬운 글자는 찾아보기가 힘들다. 세종은 훈민정음을 널리 보급하기 위해 한자 서적들에 한글을 붙인 '언해본'을 편찬했다. 조선왕조 개국의 정당성과 왕실을 찬양한 〈용비어천가〉와 같은 한글 노래를 만들어 내용을 더욱 쉽게 이해하도록 했다.

왕이 내리는 지침에서 시작하여, 죄수들에게 내리는 판결문에도 한자와 새 글자인 한글을 함께 썼다. 관리의 시험 과목에도 한글을 두어, 그 보급에 힘을 기울였다. 한가위, 가람과 뫼(강과 산), 나들목, 시나브로(조금씩 조금씩), 가온(가운데), 가랑비, 노고지리(종달새) 등 예쁜 한글은 너무나 많다. 세종이 애민정신으로 훈민정음을

창제한 뜻을 기억하면서 우리말과 글을 제대로 사용하는 분위기가
널리 퍼져 나갔으면 한다.

 **경복궁 가는 길**

지하철 3호선 경복궁역 5번 출구에서 나와 도보 2분 거리에 경복궁이 있다. 한
글 창제의 산실인 집현전은 세조 때 없어졌으나, 고종 때 경복궁을 중건하면서
이 자리에 세운 건물이 수정전이다.

## 5부

# 유배지에서 꽃핀 학문,
# 전라도

# 양산보와
# 소쇄원

　봄날의 향기를 맡을 수 있는 대표적인 장소로 담양에 소재한 소쇄원을 소개한다. 담양에서는 조선시대 호남 선비들의 풍류와 멋이 담긴 정자들을 쉽게 만날 수 있는데, 그중에서도 으뜸은 양산보 (1503~1557)가 지은 정원 소쇄원瀟灑園이다.

　양산보는 조광조의 문인으로서 스승이 비극적으로 생을 마감하자 이곳에 정자를 짓고 은거의 삶을 살았던 곳이다. 소쇄원은 조선 최고의 민간 정원으로, 자연 그대로의 모습을 살리면서 곳곳에 건물을 지어 자연과 인공의 조화가 매우 매력적이다. 소쇄원이라는 이름은 '맑고 깨끗하게 한다'는 뜻으로 양산보가 그 이름을 지었다. 혼탁한 정치 현실에서 벗어나 맑고 깨끗한 마음으로 학문에 정진하고자 했던 양산보의 뜻을 담았다.

　소쇄원은 1520년에 건립되기 시작하여 1530년대에 본격적으로 착공되었다. 1540년대에는 원림(정원과 숲)으로서의 모습을 갖추었

소쇄원. 조선 최고의 민간 정원으로 당시 건물은 정유재란 때 소실되었으나 다시 복원, 중수하여 현재 2동이 남아 있다. 1983년 사적 제304호로 지정되었다.

다. 소쇄원은 양산보 개인에게는 은둔처였지만, 당대 학자들의 집결지이기도 했다. 이곳에는 송순, 김인후, 임억령, 정철, 고경명 등 호남을 대표하는 사람들이 모여들어 시문을 주고받으며, 학문과 풍류를 즐겼다. 송순은 면앙정을 세운 경험을 바탕으로 하여 소쇄원 조성에 도움을 주었으며, 소쇄원을 증축할 때는 재정적 지원을 아끼지 않았다.

　김인후는 소쇄원 완공을 기념하여, 〈소쇄원 48영〉이라는 시를 남겼으며, 정철은 〈소쇄원제초정瀟灑園題草亭〉이라는 시를 남겼다. 소쇄원의 제월당霽月堂 현판과 담장에 새겨진 '소쇄처사양공지려瀟灑處士梁公之廬(벼슬 없이 초야에 묻혀 사는 양산보의 조촐한 보금자리)'는 송시열의 글씨다. 소쇄원으로 진입하는 길에 빽빽하게 들어서 있는 대나무 숲이 운치를 더해준다. 소쇄원은 계곡을 중심으로 하는 기다란 사다리꼴 형태로 되어 있다. 공간의 특성에 따라 애양단愛陽壇, 오색문五色門, 제월당霽月堂, 광풍각光風閣 구역으로 나누어져 있는데, '비 갠 뒤 해가 뜨며 부는 청량한 바람'이란 뜻을 가진 광풍각에서 배롱나무(백일홍)를 보며 휴식을 취하는 것도 좋다.

자연지형으로 이루어진 산과 언덕, 담장으로 경계를 이루고 있는 소쇄원 정원 내에는 담양을 대표하는 나무인 대나무를 비롯하여, 소나무, 느티나무, 단풍나무들로 된 숲이 조성되어 있다. 소쇄원 안에 남아 있는 1755년(영조 31) 당시 소쇄원의 모습을 목판으로 새긴 그림과 양산보의 5대손 양응지가 본가인 창암촌을 그린 〈창암촌도〉를 현재의 모습과 비교해볼 수도 있다.

선비의 고고한 품성과 절의가 엿보이는 아름다운 조선시대를 대표할 수 있는 정원, 소쇄원은 다른 것들과 비교해서도 원형에 가장 가까운 정원이다. 국문학, 건축학, 조경학, 역사학 등 여러 분야에서도 관심을 가질 만큼 학문적 가치도 뛰어나다.

## 소쇄원 가는 길

'전라남도 담양군 가사문학면 지곡리'의 소쇄원은 광주광역시에서 시내버스를 타고 충효 187번이나 담양군내버스 225번을 타고 소쇄원 정류장에서 하차하면 나온다. 소쇄원에서 멀리 떨어지지 않은 곳에 한국가사문학관이 있다.

# 유네스코 세계유산,
# 정읍 무성서원

건국대학교 사학과에서 진행하는 정기 학술답사에서는 전국을 8개 권역(전북, 전남, 경북, 경남, 충북, 충남, 경기, 강원)으로 나눠 답사를 진행한다. 4년 동안 전국을 모두 답사하는 방식이다. 코로나19로 인해 학과 답사마저 중단되었다가 2022년 5월 2년 반 만에 답사가 다시 시작되었다.

당시 답사 지역은 전북이었다. 근대 역사의 현장을 보존한 군산, 백제 중흥의 도시 '익산', 동학농민군의 함성이 남아 있는 '정읍', 고인돌과 고창읍성으로 대표되는 '고창', 호남평야의 중심이자 금산사 미륵전이 있는 '김제', 경기전, 전주사고 등 조선왕조의 뿌리를 간직한 도시 '전주'였다. 이중 정읍의 무성서원은 필자도 처음 찾은 곳이었다.

2019년 한국의 서원 9곳이 유네스코 세계유산으로 지정되었는데, 무성서원武城書院도 여기에 포함되었다. 무성서원의 기원은 신

무성서원. 무성서원은 신라시대 대문호인 고운 최치원이 태산군수로 재임했을 때 쌓은 치적을 기리기 위해 세운 서원이다. 고려시대 지방 유림의 공의로 최치원의 학문과 덕행을 추모하기 위하여 생사당(생존해 있는 사람을 모시는 사당)을 창건하여 태산사라 했다.

라 후기에서 고려 초기라는 변혁의 시대를 살아간 학자이자 정치가 최치원을 배향한 태산사泰山祠에서 비롯되었다. 태산은 정읍의 옛 지명으로 최치원이 890년 이곳에 군수로 부임한 인연이 있기 때문이다. 최치원은 신라 하대 6두품 출신으로서 12세의 나이로 당에 유학하여 6년 만에 당나라 유학생 대상의 시험인 빈공과에 장원으로 급제했다.

　이때 당나라에서 황소의 난이 일어났고, 최치원은 절도사의 참모로 있으면서 반란군의 지도자 황소를 꾸짖는《토황소격문討黃巢檄文》을 지어 문장으로 이름을 떨쳤다. 신라에 귀국한 후 시무 10여 조를 올려 아찬 관등을 받았지만, 개혁안이 받아들여지지 않자 은

둔 생활을 하였다. 《삼국사기》에서는 가야산의 해인사로 들어갔다고 한다.

최치원을 배향한 무성서원의 정문 누각의 이름은 현가루絃歌樓다. 그 이름이 흥미로운데, 공자가 무성에 가서 음악 소리를 들었다는 논어의 구절에서 취한 것이다. 무성서원의 이름도 여기에서 나왔다. 1615년 '태산사' 자리에 현지 선비들이 태산서원을 지었고, 숙종 때인 1696년 편액을 하사받은 사액서원이 되면서, 무성서원으로 이름을 바꾸었다.

서원 중심부에 강당이 있고, 강당 동편에 장수재莊修齋라는 유생들의 기숙사가 있다. 다른 서원과 달리 장수재는 동쪽 담장 밖에 분리되어 있다는 점도 주목된다. 무성서원은 한말 의병 항쟁의 중심지가 되기도 했는데, 의병장 최익현은 을사늑약의 체결에 맞서 1906년 무성서원에서 80여 명의 선비와 함께 의병을 일으켰다. 장수재 앞에는 이를 기념하는 '병오창의기적비丙午倡義記蹟碑'가 있다.

## 무성서원 가는 길

'전북특별자치도 정읍시 칠보면 원촌1길 44-12'의 무성서원은 KTX 정읍역에서 내려 시내버스를 타고 40분 정도 이동 후 원촌 정류장에서 내려 도보 6분 정도 (480미터) 가면 나온다.

# 정약전과
# 흑산도 사촌서실

1801년(순조 1) 정순왕후 수렴청정 기간에 이루어진 대표적인 천주교 박해 사건인 신유박해로 인해 정약용(1762~1836)과 정약전(1758~1816) 형제는 유배길에 올랐다. 정약용이 전라도 강진에서 실학을 완성한 스토리는 많이 알고 있지만, 당시 함께 유배를 가서 흑산도에 머물렀던 정약전에 대해서는 《자산어보玆山魚譜》의 저자라는 정보만이 알려져 있다.

2021년 흑백으로 영상을 처리한 영화 〈자산어보〉가 개봉되면서 정약용의 형 정약전에 대한 대중의 관심을 끌었다. 정약전과 함께 흑산도 청년 창대라는 인물에 대한 비중도 크게 다루었는데, 사실 창대의 행적은 《자산어보》의 서문에 간략히 나오는 것이 전부다.

영화에서는 설경구 배우가 정약전을, 변요한 배우가 창대를 맡아 연기했다. 《자산어보》는 흑산도 주변의 각종 해양생물의 명칭·분포·형태·습성 등을 상세하게 기록하여, 최초의 해양생물학 전문

서적의 성격을 띠고 있다. 치밀한 고증을 바탕으로 저술하여, 조선 후기 실학을 대표하는 저술로 평가를 받는다.

정약전은 책의 서문에서 "나는 섬사람들을 널리 만나보았다. 그 목적은 어보를 만들고 싶어서였다. 그러나 사람마다 그 말이 다르므로 어느 말을 믿어야 할지 알 수 없었다. 섬 안에 장덕순, 즉 창대라는 사람이 있었다. … 성격이 조용하고 정밀하여, 대체로 직접 듣거나 본 초목과 새와 물고기는 모두 세밀하게 관찰하고 깊이 생각하여 그 성질을 이해하고 있었다. … 함께 묵으면서 연구하고 차례를 매겨 책을 완성하고 《자산어보》라 하였다"고 하여, 《자산어보》의 저술에 창대의 도움이 컸음을 기록하고 있다.

흑산도를 대표하는 물고기는 홍어洪魚다. 과연 자산어보에도 홍어에 대한 기록이 있을까? 정약전은 홍어의 원명이 분어鱝魚이고, 홍어는 속명이라고 적었다. 홍어는 마름모꼴 모양으로 납작하게 생겼는데, 그 생김새가 소반이나 연잎을 연상시킨다 하여 하어荷魚, 가시를 박고 교미하는 모습이 참으로 괴상하게 여겨져서 해음어海淫魚라는 별칭도 붙었다. 정약전은 홍어의 생김새, 식용 방식, 효능 등에 대한 기록을 남겼는데, 겨울과 이른 봄이 제철이라고 했다.

정약전이 제자들을 가르치며 책을 집필한 공간은 흑산도 사리마을의 사촌서실沙村書室이다. 정약용은 강진에 있으면서 정약전과 자주 편지를 주고받았다. 사촌서실에 대해서는 "내 형님 손암(정약전) 선생께서 머나먼 남녘 조그마한 섬인 흑산도에서 유배생활을 한 지 7년이다. 그곳의 어린아이 대여섯 명이 형님을 따라서 서사書

흑산도 사촌서실. 사촌서실은 1801년 (순조1) 신유박해로 인해 흑산도로 유배를 간 손암 정약전이 《자산어보》
를 저술한 흑산도 사리마을에 있는 유배지다.

史(경서와 사기를 아울러 이르는 말)를 배웠다. 형님은 이미 초가집 두어
칸을 짓고 사촌서실이라고 이름을 붙였다"고 기록했다.

사촌서실은 사촌서당, 복성재復性齋라고도 불리며, 《자산어보》의
산실로 기억되고 있다. 유배 초기 정약전은 소흑산도라고 불리던
우이도에서 지내다가 흑산도로 옮겼다. 강진에 있던 동생 정약용
이 해배된다는 소식을 듣고는 다시 우이도로 나왔지만, 형제의 만
남은 이루어지지 못했고, 정약전은 1816년(순조 16) 우이도에서 사
망했다. 정약용과 정약전 형제가 유배생활 기간 동안 주고받은 편
지가 지금까지 전해오고 있다.

## 사촌서실 가는 길

'전라남도 신안군 흑산면'의 사촌서실을 가기 위해서는 목포연안여객선터미널에서 쾌속선을 타고 2시간 이동 후 흑산도 선착장에서 내려 택시로 이동한다.

# 이성계의 승전을 기념한
# 전주 오목대

    프랑스 파리를 대표하는 건축물인 개선문은 황제 나폴레옹 1세가 1806년 아우스터리츠 전투를 승리한 뒤 이를 기념하기 위해 세우게 했고 1836년에 완성되었다. 이처럼 역사에서는 승전을 기념하는 기념물을 세우는 전통이 이어지고 있다. 고려 말의 장군 이성계는 1380년 일본군의 소년장수 아지발도를 사살하고 대승을 거두는 전과를 올렸다. 승전의 기념으로 비석을 세웠으니, 이것이 '황산대첩비'다.

    황산대첩의 현장은 현재의 전라북도 남원시 운봉읍 지리산 지역으로, 이성계는 이곳에서 승리를 거둔 이후 진안의 마이산을 거쳐 전주로 향했다. 마이산에 들렀다가 이성계가 깜짝 놀라는 상황이 벌어졌다. 꿈에서 신선으로부터 금척(금척무를 출 때 쓰는 금빛이 나는 자)을 받은 산이 마이산과 너무나 똑같았기 때문이다.

    이성계는 이것을 새 나라를 건설하라는 계시로 생각했고, 이곳

전주 한옥마을 안에 위치한 오목대. 전주시에 위치한 옛 터이며 1380년(고려 우왕 6년)에 이성계가 운봉 황산에서 왜군을 무찌르고 돌아가던 중 자신의 고조부인 목조가 살았던 이곳에 들러 승전을 자축했다. 1974년에 전북특별자치도의 기념물 제16호로 지정되었다.

에서 백일기도를 드리고 싶었다는 수령 약 650년 되는 청실배나무가 은수사 경내에 있다. 수마이봉 바로 아래에 위치한 은수사 태극전에는 이성계가 왕이 되기 전 꿈에 금척을 받는 장면을 그린 〈몽금척도〉와 〈일월오봉도〉가 그려져 있다. 왕실의 잔치 때마다 공연되는 궁중무용으로 현재에도 전수되고 있다.

이성계가 마이산을 거쳐 찾은 곳은 전주였고, 오목대에서 승전을 축하하는 잔치를 벌였다. 전주에서 승전 기념을 한 것은 이곳이 전주 이씨의 뿌리를 내린 곳이기 때문이었고, 오목대라는 이름은 오동나무가 많은 것에서 유래했다. 전주 이씨는 시조 이한 이후 이성계의 4대조인 목조 이안사까지 누대에 걸쳐 전주에서 살다가, 목조 때에 이르러 강원도 삼척(도계)을 거처 함경도로 이사하게 되었다. 오목대의 맞은편에 있는 이목대가 있는데, 목조의 출생지로 전해져 오는 곳이다.

오목대에 올라서면 눈에 들어오는 현판이 있다. 바로 '대풍가大風歌'다. 〈대풍가〉는 중국에서 한나라를 세워 천하를 통일한 고조 유방이 자신이 태어난 고향인 풍패에서 승리를 기념하면서 부른 노래로, 이성계는 유방을 자신의 멘토로 삼았다. 전주 남문을 풍남문이라고 한 것도 '풍패의 남쪽'이라는 뜻을 담고 있다. 이성계는 최고의 참모 정도전을 일컬어 "나의 장량이다"라고 표현하였는데, 장량은 유방의 대표적인 참모였다.

오목대 앞에는 1900년에 건립한 비석도 보인다. 비석에는 태조가 잠시 머물렀던 곳이라는 뜻의 '태조고황제주필유지太祖高皇帝駐蹕遺址'라는 비문이 보이는데, 1897년 이후 황제가 된 고종이 직접 쓴 친필 글씨를 새긴 것이다. 전주 한옥마을 일대에는 오목대 이외에도 태조의 어진을 모신 경기전과 태조의 선조들을 모신 사당인 조경묘, 조선왕조실록을 보관했던 전주사고 등이 남아 있어서, 이곳이 조선왕조의 뿌리가 되는 공간임을 확실하게 증명해주고 있다.

 **오목대 가는 길**

'전북특별자치도 전주시 완산구 기린대로 55'의 오목대는 전주 한옥마을 안에 있다. KTX 전주역에 도착한 후 79번 버스나 999번 버스를 타고 20분 정도 이동하면 전주 한옥마을이 나온다. 한옥마을의 조금 높은 언덕에 오목대가 있다.

# 유형원과
# 부안 반계서당

    역사 속에서도 현재의 정책과 제도에 대해 적극적인 개혁을 주장하는 학자들이 있었다. 조선 후기에는 성리학의 이론과 명분 중심의 경향에서 벗어나 현실에 직접 도움을 주는 학문의 필요성을 강조하는 학자들이 나타났다. 이들을 '실학자'라 칭하는데, 대표적 인물이 반계 유형원(1622~1673)이다. 유형원은 부친이 당쟁에 연루되어 사망하자, 관직에 진출하는 것을 단념하고 민생과 국부 증진을 위한 학문에 전념했다.

    그가 은거한 곳은 조상 대대로 하사받은 전라도 부안의 우반동이었다. 호 반계는 '우반동의 계곡'이라는 뜻에서 따온 것이다. 안정복은 유형원의 연보에서 "선생은 당쟁이 횡행할 때 태어나 세상을 등지고 스스로 저술하기를 즐겼다"고 하여, 유형원이 실학자가 된 것이 당쟁과 깊은 연관이 있음을 기록하고 있다.

    유형원 하면 떠오르는 개혁가, 실학자의 이미지는 그의 저술

《반계수록》에서 담고 있는 토지, 교육, 과거, 관직 제도에 이르는 탁월한 개혁안 때문이다. '수록隨錄'은 '붓이 가는 대로 쓴 기록'이란 뜻이지만, 결코 한가히 책을 쓰지 않았다. 시대의 고민을 담아 구체적인 개혁 방안까지 제시하면서 써내려갔다. 서문에서 유형원은 개혁하지 않을 수 없을 정도로 절박한 현실에서는 과거 위주의 학문보다는 실제 현실에 필요한 정책을 제시하는 학문이 중요하다는 것을 강조했다.

말년에 전라도 부안의 우반동에서 거처했지만, 유형원은 젊은 시절 전국 각지를 두루 돌아다녔다. 1636년에 병자호란 때는 원주로 피난을 갔으며, 1642년에는 경기도 지평에, 다음해에는 여주에 거처를 잡았다. 1643년 겨울에는 고모부 김세렴이 함경도 관찰사로 부임하자 그곳에 따라가 북방 지역의 실상을 경험했다. 이후에도 유형원은 금천, 안양, 영남, 호서지방, 금강산 등지를 두루 돌아다녔다. 이러한 북방에서의 생활과 전국을 두루 돌아다닌 경험은 그의 사회개혁 정책 수립에 큰 영향을 주었을 것으로 보인다.

《반계수록》은 1670년(현종 11)에 완성되어 1769년(영조 45)에 간행되었으며 유형원이 관직 생활을 단념하고 전라도 부안의 우반동에 칩거해 52세까지 22년간에 걸쳐 연구한 성과물을 책으로 엮은 것이다. 경상도 관찰사 이미가 1770년(영조 46)에 쓴 서문과 후학 오광운이 1737년에 쓴 서문이 있다. 책 말미에는 유형원 자신이 쓴 〈서수록후書隨錄後〉가 실려 있다. 본편에는 유형원이 제시한 개혁안과 그 개혁안에 대한 중국과 우리나라 역대의 토지, 정치, 사회제

반계마을 언덕 위에 자리한 반계서당. 조선시대 실학의 선구자였던 유형원이 낙향 후 연구에 몰두하며 살던 곳인데 유형원은 우반동의 계곡이라는 뜻에서 호를 '반계'라 했다.

도에 대한 내용을 다룬 고설이 각각 절반을 차지하고 있다.

《반계수록》은 총 26권으로 구성되어 있다. 권1~2는 전제田制, 권3~4는 전제후록田制後錄, 권5~6은 전제고설田制攷說, 권7~8은 전제후고설로, 무엇보다 저자 유형원이 토지제도에 깊이 관심을 갖고 있었음을 보여준다. 그는 국가에서 토지를 농민들에게 고르게 분배하고 환수할 수 있는 균전제를 실시함으로써 자영농 육성을 우선할 것을 주장했다. 권9~10은 교선지제敎選之制, 권11~12는 교선지설敎選之說로 교육과 과거제의 문제점과 그 대책을 담고 있다.

유형원은 과거제가 출세의 도구가 되어 선비들이 오직 옛 문구를 모으는 것에만 치중하는 현실을 개탄하면서 그 대안으로 추천제인 천거제의 실시를 주장했다. 권13은 임관지제任官之制, 권14는 임관고설, 권15~16은 직관지제職官之制, 권17~18은 직관고설로,

관직의 정비에 관한 의견을 제시하고 있다. 유형원은 관료의 임기제를 철저히 지켜 행정의 실효성을 갖출 것을 주장하고, 왕실을 위해 설치된 많은 관청은 대폭 축소하여 국가의 재정을 안정시키고자 했다. 이러한 견해는 현대의 정책에도 실현되고 있는 '작은 정부'의 개념과도 유사하다.

1670년경에 완성된 《반계수록》은 저자 유형원이 재야의 학자였던 까닭에 처음에는 그 가치를 크게 인정받지 못했다. 《반계수록》의 가치를 알아본 왕은 영조와 정조였다. 영조는 《반계수록》을 간행하도록 명했고, 정조는 화성을 건설하면서 《반계수록》에 제시되어 있는 아이디어를 적극 활용했다.

합리적이고 개혁적인 정책 아이디어가 절실히 요구되는 현재의 시점에서, 개혁 교과서 《반계수록》이 주는 의미는 여전히 유효하다. 부안의 반계서당에서 서해 바다와 곰소 염전을 바라보며 개혁을 구상한 유형원의 자취를 떠올려 보았으면 한다.

**반계서당 가는 길**

'전북특별자치도청 부안군 보안면 우동리 128-1'의 반계서당은 부안고속터미널에서 보안면 방면 버스를 타고 35분 정도 이동한 후 보안면 우동리에서 하차하면 나온다.

# 무주의 자존심,
# 적상산사고

광해군은 빛과 그림자가 선명히 존재하는 왕이다. 국방이나 외교 분야에서는 탁월한 업적을 남겼지만, 내치에서는 부정적인 평가를 받고 있다. 이것은 광해군이 지나치게 자신의 측근 세력인 대북大北 세력을 중용하고, 폐모살제廢母殺弟를 주도하여 결국에는 1623년 인조반정으로 축출되었기 때문일 것이다.

반정으로 축출되었기 때문에 광해군에 대한 평가는 인색한 경우가 많지만, 광해군이 즉위 후 보여준 적극적인 개혁정책의 성과들에 대해서는 재평가가 요구된다. 역사 속 최초로 대동법을 실시하고 토지조사사업을 벌인 것이나 허준으로 하여금 《동의보감》을 편찬하게 한 것이 대표적인 업적들이다. 광해군은 국가의 기록물을 편찬하고 보관하는 데도 힘을 기울였는데, 1614년(광해군 6) 무주의 적상산에 사고를 설치한 것이 대표적이다.

조선시대에는 건국 직후부터 실록을 체계적으로 보관하기 위해

무주 적상산사고. 임진왜란 때 전주사고에 보관 중이던 《조선왕조실록》을 제외하고 나머지가 전소되자, 사고는 모두 안전한 산속으로 옮겨졌다. 적상산사고는 그중 하나다.

사고를 설치했다. 조선 전기에는 경복궁 내의 춘추관 사고를 비롯하여 충청도 충주, 경상도 성주, 전라도 전주 네 곳에 사고를 설치하지만, 임진왜란으로 전주사고를 제외한 사고들은 소실되었다.

임진왜란이 끝난 후 사고는 모두 안전한 산속으로 옮겨졌다. 선조 시대에 마니산(후에 정족산), 오대산, 태백산, 묘향산에 사고를 설치했고, 광해군은 적상산에도 사고를 설치하게 하여, 《선조실록》을 이곳에 보관했다. 인조 시대에 와서 무주 적상산사고의 위상은 더욱 커졌다. 묘향산사고에 보관된 실록을 적상산사고로 옮겨 보관했기 때문이다. 북방에서 세력을 키운 후금의 침략 위협이 현실화되자, 묘향산의 실록을 안전한 지역인 적상산으로 옮기도록 한 것이다. 적상산에 적상산성을 수축하여, 삼남을 보호할 수 있다는 점이 크게 고려되었다.

　1634년 12월 마침내 묘향산사고에 있던 《태조실록》에서 《명종실록》까지 13대 실록과 함께 주요 서적들이 적상산사고로 옮겨졌다. 《인조실록》에는 당시의 상황이 구체적으로 기록되어 있다. 1632년 11월 영경연 윤방이 "선왕조의 실록도 향산에 보관하는 것이 마땅하지만, 평안도는 믿을 만한 곳이 못 된다고 여겨 적상산으로 옮겨두었으니 이는 본래 향산의 실록을 합하여 보관하고자 했기 때문입니다. 다른 곳의 실록은 국초부터 선왕조에 이르기까지 모두 빠짐없이 갖추어져 있으나 이곳의 실록만은 완전하지 못하니, 향산에 보관된 실록을 서울로 받들고 와서 적상산에다 합하여 보관하는 것이 마땅할 듯합니다"라고 하여, 적상산사고를 설치하고 《선조실록》을 봉안한 것은 묘향산사고의 실록을 적상산사고로 이안(신주나 영정 따위를 다른 곳으로 옮겨 모심)하려는 의도가 있었음을 보여주고 있다. 이후 1633년 1월, 춘추관에서 묘향산사고의 실록을 적상산으로 옮길 것을 다시 건의하자 인조는 이를 수용했다.

　실록을 옮겨온 역사적인 날을 기억하기 위해 2024년 무주군에서는 '조선왕조실록 적상산사고 이안 행렬' 재현 행사를 추진했다. 《조선왕조실록》을 지켜온 선조들의 기록 정신을 오늘날에도 이어받을 수 있는 좋은 기회였다.

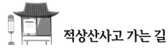 **적상산사고 가는 길**

'전북특별자치도 무주군 적상면 산성로 960'의 적상산사고는 무주공용버스터미
널에서 치목(상조)행 버스를 타고, 적상(치목마을) 버스정류장에 도착해서, 정류
장 우측으로 내려가 굴다리를 건너 치목마을로 들어가, 적상산을 올라 중턱에 다
다르면 나온다.

# 정조가 강화도에
# 외규장각 세운 까닭은?


서울에서 하루 코스로 가볼 만한 곳으로 필자는 강화도를 추천한다. 강화도에는 선사시대의 고인돌부터 고려, 조선, 근대의 역사 유적이 다수 남아 있을 뿐만 아니라 해안을 끼고 있는 만큼 미식 여행으로도 적합한 곳이다. 자전거를 타고 코스모스 길을 따라가는 것도 즐거운 추억으로 남을 수 있다.

강화도는 조선의 왕 정조와도 깊은 인연이 있다. 1782년(정조 6) 2월 '외규장각外奎章閣' 공사의 완공을 알리는 강화 유수의 보고가 올라왔다. 1781년 3월 정조가 강화도에 외규장각을 지을 것을 명한 지 11개월이 지난 즈음이었다. 이를 계기로 외규장각에는 의궤 등 왕실의 주요 자료들이 체계적으로 보관되기 시작했다. 이후 80여 년 동안 외규장각은 조선 후기 왕실 도서를 보존하는 중심 기관으로 자리 잡게 되었다. 1784년에 편찬된 《규장각지奎章閣志》에 따르면, 외규장각은 6칸 크기의 규모로 왕의 임시 궁궐로 활용된 행

2003년 복원된 외규장각의 전경으로 내부는 전시관으로 사용되고 있다. 외규장각은 규장각의 분관쯤 되는 곳으로 안전한 강화도에 만들었지만 병인양요 때 프랑스 군대로부터 약탈당해 건물은 불타고 안에 있던 책들을 빼앗겼다.

궁의 동쪽에 있었음을 알 수 있다.

1776년 정조는 창덕궁 후원에 왕실도서관 규장각을 짓고 학술, 문화 운동을 주도해 나갔다. 그런데 정조가 늘 걱정한 것은 규장각이 궁궐 안에 위치하여, 전쟁이나 화재의 안전지대가 아니라는 점이었다. 이때 정조의 눈에 들어온 곳이 강화도였다. 강화도는 고려 후기 몽골족이 쳐들어 왔을 때 임시 수도로 활용되었고, 정묘호란 때 인조가 피난을 한 곳이었다. 그만큼 국방성 요충지로 인식되었기에, 정조는 이곳에 외규장각을 지은 것이다.

정조는 왕이 열람하도록 제작된 어람용 의궤는 외규장각에 보관하도록 했다. 의궤는 왕실의 주요 행사를 기록과 함께 그림으로 정리한 책으로, 2007년 유네스코 세계기록유산으로 지정되었다.

혼례식, 장례식 등의 행사가 끝나면 5부에서 8부를 제작하여 산간 지역 사고와 관련 부처에서 보관했다. 왕이 열람하는 어람용 의궤는 비단으로 표지를 만들었으며, 고급 종이인 초주지草注紙를 사용했다. 특히 채색으로 그린 그림들은 화려함과 품격을 더해준다.

1866년 프랑스 군대의 침공으로 시작된 병인양요로 인해 외규장각은 잿더미가 되었다. 당시까지 보관되어 있던 외규장각 도서 목록을 정리한 자료에 의하면, 이때까지 6,000여 책이 보관되어 있었는데 대부분 불에 탔다. 프랑스군은 퇴각하면서도 의궤들을 집중적으로 본국으로 가져갔다. 그들의 눈에도 의궤의 문화재로서의 가치가 높았기 때문이었다. 이후 프랑스 파리 국립도서관에 있던 297책의 외규장각 의궤는 오랜 반환 노력 끝에 2011년 고국으로 돌아왔고, 현재는 국립중앙박물관에 보관되어 있다. 국립중앙박물관에서는 수장고에 보관된 의궤들을 교체하여 전시하며 그 가치를 알리고 있다.

1866년 강화도를 침공했던 프랑스 해군장교 주베르는 "이곳에서 감탄하면서 볼 수밖에 없고 우리의 자존심을 상하게 하는 것은 아무리 가난한 집이라도 어디든지 책이 있다는 사실이다"라고 기록했다. 선조들이 책을 가까이 접했음을 알 수 있는 대목이다. 최근 한강 작가의 노벨문학상 수상을 계기로 책 읽는 붐이 일어나고 있다. 규장각과 외규장각에 담긴 정조의 정신까지 기억하며 책을 읽어보는 것도 좋을 것 같다.

 **외규장각 가는 길**

강화도에 위치한 외규장각은 강화버스터미널에서 내린 뒤 시내버스를 타고 이
동하면 나온다. 강화고려궁지 등도 만날 수 있다.

# 정약용과
# 강진 유배지

여름 휴가철이면 많은 사람들이 여행에 나선다. 필자도 역사와 문화의 향기가 묻어나오는 여행지에 대한 추천 요청을 받는데, 남도 답사 1번지라 불리는 전라남도 강진을 추천하곤 한다. 정약용 (1762~1836)이 유배길에 오른 후, 유배의 시간을 실학의 완성이라는 성과로 승화시킨 공간이기 때문이다. 1801년 정약용은 천주교 신자들에 대한 박해사건인 신유박해에 연루되어 경상도 장기로 처음 유배를 갔다. 그런데 이해 9월 '황사영 백서 사건'이 일어나면서 정약용은 형 정약전과 함께 한양에 압송된 후 다시 유배길에 올랐다.

형제는 나주에서 헤어져 정약용은 강진으로, 정약전은 흑산도로 갔다. 1801년 겨울 강진에 도착한 정약용은 노파의 도움으로 강진 동문 밖 주막집에 거처할 수 있었는데, 이곳에 '사의재四宜齋'라는 당호를 걸었다. 생각, 행동, 용모, 언어 네 가지를 모두 마땅하게 해야겠다는 의지를 담은 이름이었다.

1808년 봄에 초당을 짓고 거처로 삼았는데, '다산초당'은 본격적인 연구의 산실이 되었다. 외가인 해남 윤씨 종택인 녹우당綠雨堂이 초당 인근에 있었던 점도 정약용에게 큰 도움이 되었다. 윤선도, 윤두서로 이어졌던 녹우당을 통해 많은 책을 얻었고, 이를 연구에 활용할 수 있었다. 정약용을 따르는 황상 등 18명의 제자들 도움도 컸다. 다산초당에서 걸어서 갈 수 있는 백련사에는 혜장, 초의와 같은 고승들이 거처했고, 정약용은 이들과 차와 시를 주고받으며 세상 돌아가는 이야기를 나눌 수 있었다.

이처럼 강진은 정약용에게 인적으로나, 지리적으로 좋은 여건을 갖추고 있었고, 정약용은 유배의 시간을 실학 완성의 기회로 만들어 갔다. 초당이 위치한 만덕산의 얕은 야산에는 차가 많이 생산되어, 호를 '다산茶山'이라 했다. 정약용은 초당에 인공 폭포와 연못을 만들고 채소도 심으면서 새로운 인생을 살아갔다.

초당의 바위 절벽에는 '정석丁石'이라는 두 글자를 새겨 자신의 공간임을 확인해 두었다. 앞마당의 바위는 솔방울을 태워 차를 달이던 다조茶竈(차를 끓이는 부뚜막)로 사용했다. 네모진 연못을 파고 그 안에 둥근 섬과 작은 폭포를 만들어 풍취를 더했다. 초당 좌우에는 동암과 서암을 지었는데, 정약용은 주로 동암에 기거하면서, 바다를 보며 연구에 전념했다.

정약용은 강진에서 가족과 자식에 대한 사랑을 편지로 이어나갔다. 1810년의 어느 날, 풍산 홍씨 아내는 시집올 때 입었던 치마폭을 남편에게 보내왔다. 35년의 세월이 흘러 다홍색의 짙은 색깔

강진 다산초당. 강진만이 한눈으로 굽어보는 만덕산 기슭에 자리한 다산초당은 다산 정약용이 강진 유배 18년 중 10여 년 동안 유배생활을 하며 《목민심서》, 《경세유표》, 《흠흠신서》 등 500여 권에 달하는 책을 집필하며 조선 후기 실학을 집대성한 곳이다.

도 빛이 바랜 황색으로 변했다. 정약용은 〈하피첩霞帔帖에 제題함〉이란 글을 썼다. "내가 강진에서 귀양살이하고 있을 적에 병이 든 아내가 헌 치마 다섯 폭을 보내왔는데, 그것은 시집올 적에 가져온 훈염으로서, 붉은빛이 담황색으로 바래서 서첩으로 쓰기에 알맞았다. 이를 재단하여, 조그만 첩을 만들어 손이 가는 대로 훈계하는 말을 써서 두 아이에게 전해준다. 다음 날에 이 글을 보고 감회를 일으켜 두 어버이의 흔적과 손때를 생각한다면 틀림없이 부모를 그리는 감정이 뭉클하게 일어날 것이다. 이것을 '하피첩'이라고 명명했는데, 이는 곧 '다홍치마'의 전용된 말이다"라고 하피첩을 만든 사연을 기록하고 있다.

정약용은 옛적의 곱던 아내를 떠올리며 그 치마폭에 두 아들에게 보내는 편지를 쓴 것이다. 하피첩에 두 아들에게 편지를 보낸 3년 후인 1813년 다시 이 치마폭에 아들에게 보내는 편지와 함께 시집가는 외동딸을 위해 매화나무에 멧새 두 마리를 그려 넣고 시 한 수를 보냈다. 이 〈매조도梅鳥圖〉에는, "사뿐사뿐 새가 날아와/우리 뜨락 매화나무 가지에 앉아서 쉬네/…꽃도 이제 활짝 피었으니/열매도 주렁주렁 맺으리"라는 시를 썼다. 주렁주렁 열린 매실처럼 자식 많이 낳으며 번창한 가정을 꾸리라는 바람을 담은 것이다.

　　1818년 유배에서 풀려난 후 고향으로 돌아온 정약용은《목민심서》,《경세유표》,《흠흠신서》등 500여 권의 명저를 담은 문집《여유당전서》를 완성했다. 정약용이 실학을 완성한 최고의 학자로 평가받을 수 있었던 것에는 유배라는 극한 환경에도 좌절하지 않고 열정과 시간을 잘 활용한 것이 큰 몫을 했다.

### 다산초당 가는 길

다산초당은 '전라남도 강진군 도암면 다산로 726-13'에 있다. 강진버스여객터미널에서 다산초당 방면 버스를 타고 15분 정도 이동하여 다산초당 정류장에서 하차하면 표지판이 보인다.

# 준비된 장군 이순신과
# 여수유적지

　　1592년 4월 13일 일본군의 침공으로 임진왜란이 시작되었다. 패전을 거듭하던 초반의 전투에서 반격의 물꼬를 틔우는 인물이 나타났다. 바로 이순신(1545~1598) 장군이었다. 1591년 2월 전라좌수사로 여수에 부임한 이순신은 일본의 대규모 침략을 예견하고 이에 대한 대비를 착실히 해나갔다. 장군의 일기인《난중일기》에는 임진왜란 전부터 적극적으로 군사를 지휘하는 모습이 잘 나타나 있다. 이순신은 각종 군사 기물과 시설을 점검하고 해전에 능한 병사와 선박을 확보해나갔다. 특히 거북선 건조에도 힘을 기울였다.

　　1592년 2월 8일에는 "이날 거북선에 쓸 돛 베 29필을 받았다. 정오에 활을 쏘았다"는 기록이 보이며, 2월 25일에는 "날이 저물어서야 방답에 이르러 공사의 예를 마치고 무기를 점검했다. 장전(싸움에 쓰는 긴 화살)과 편전(작고 짧은 화살)은 쓸 만한 것이 하나도 없어서 걱정했으나 전투선은 어느 정도 완전해서 기쁘다"는 기록이 보

여수 진남관. 조선 후기 전라좌수영의 객사로 국보 304호로 지정되어 있다. 1599년(선조 32) 정유재란으로 불타버린 진해루 터에 전라좌수사 이시언이 건립했다. 1716년(숙종 42) 큰 화재로 소실되었던 것을 1718년(숙종 44)에 다시 지었다.

인다. 4월 12일에는 거북선 제작을 끝내고 선상에서 지자포와 현자포를 시험 발사했다.

　이순신이 군사들을 지휘한 역사적 현장이 현재 전라남도 여수시에 소재하고 있는데 진남관이 그곳이다. 전라좌수사 재직 때 이순신이 지휘 본부로 활용한 곳은 진해루였으나, 정유재란(1597) 때 일본군에 의해 불에 타 없어진 후 당시의 삼도수군통제사인 이시언이 진해루 자리에 진남관을 세웠다. 이후 건물이 불에 타자 숙종 때 전라좌수사 이제면이 1718년 이순신 서거 120주년을 맞이하여 다시 세웠다. 진남관의 관문에 세운 망해루望海樓는 진남관 쪽에서 여수 시내를 바라보며 서 있는데, 일제강점기에 철거된 것을 1991

년 4월 복원했다.

　진남관에서 바닷쪽으로 내려오면 장군의 동상과 거북선 모형을 전시한 이순신 광장을 만나볼 수 있다. 또한 여수시 웅천동에는 이순신 장군의 어머니 변씨가 살았던 고택이 복원되어 이순신의 효심을 생생하게 느낄 수 있다.

### 진남관 가는 길

'전라남도 여수시 동문로 11'의 진남관은 여수종합버스터미널 길 건너편 시내버스 정류장에서 20분 정도 중앙동 방면 버스를 타고 진남관 정류장에서 하차하면 나온다.

## 6부

# 청백리와 천주교의
# 흔적, 충청도

# 청백리 맹사성과
# 맹씨 행단

조선시대에 가장 이상적이고 존경의 대상이 되었던 관리는 누구일까? 청렴하고 깨끗한 관리를 의미하는 청백리淸白吏였다. 청백리에 대비되는 용어는 뇌물을 받은 관리를 뜻하는 장리臟吏였다. 장리의 후손은 대대로 과거에 응시할 수 없도록 하는 등 조선시대에는 무엇보다 관리들의 도덕성과 청렴성을 강조했다.

청백리의 명단을 기록한 '청백록'에는 조선의 청백리 217명의 명단이 기록되어 있다. 그중 맹사성(1360~1438)은 황희, 허조, 유관 등과 함께 세종시대를 대표하는 청백리 재상이었다. 맹사성은 고려 말인 1386년(우왕 12) 27세의 나이로 관직에 진출하여, 세종 때인 1435년 관직에서 물러나기까지 약 50년간 관료 생활을 했다.

《태종실록》이 완성된 후 세종은 선왕의 실록을 보고자 했지만, 우의정으로 있던 맹사성은 이를 저지했다. "전하께서 만일 이를 보신다면 후세의 임금이 반드시 이를 본받아서 고칠 것이며, 사관도

충남 아산시에 소재한 맹씨행단. 맹씨행단은 우리나라 살림집 가운데 가장 오래된 옛 모습을 간직한 집으로 조선 초의 명정승 고불 맹사성의 옛집을 부르는 이름이다. 맹씨행단이 자리잡은 곳은 풍수적으로도 매우 길하여 기를 담은 자리라고도 한다.

또한 군왕이 볼 것을 의심하여 그 사실을 반드시 다 기록하지 않을 것이니 어찌 후세에 그 진실함을 전하겠습니까"라는 논리를 폈고, 세종도 이를 흔쾌히 받아들였다.

현재 충청남도 아산시 배방읍에는 맹사성의 고택이 있다. '맹씨가 사는 은행나무 단이 있는 집'이라는 뜻으로 맹씨행단孟氏杏壇으로 불린다. 고택의 본채는 가장 오래된 한옥 건축의 모습을 볼 수 있는 유적이다. 행단이란 공자가 은행나무 단 위에서 가르쳤다는 얘기에서 나온 말로, 학문을 닦는 곳을 상징한다. 본래 고려 후기 장군 최영의 집이었는데, 손녀사위였던 맹사성이 물려받았다.

고택 뒤에는 맹사성과 부친 맹희도, 조부 맹유를 모신 사당인 세덕사世德祠가 있으며, 고택 뒤편 언덕에는 맹사성이 황희, 허형과 함께 각각 세 그루씩 느티나무를 심은 것에서 그 이름이 유래하는 정자인 구괴정九槐亭이 있다. 뜰 안에는 수령이 600년 넘은 은행나무 두 그루가 가을 낙엽과 함께 그 자태를 뽐내며, 이곳이 유서 깊은 고택임을 입증하고 있다.

## 맹씨행단 가는 길

'충청남도 아산시 배방읍 중리 275'의 맹씨행단은 지하철 1호선 온양온천역에서 하차한 후 온양온천역 정류장에서 170번, 171번, 172번 버스를 타고 30분 정도 가서 맹사성고택 정류장에서 하차하면 나온다. 맹씨행단으로 올라가는 길에 고불맹사성기념관이 있다.

# 추사 김정희의
# 예산 고택

 2020년 12월 6일에 국보 제180호 〈세한도歲寒圖〉를 비롯해 평생 수집한 문화재를 기증한 미술품 소장가 손창근(1929~2024) 님이 문화훈장 중 최고 영예인 금관문화훈장을 받는다는 소식을 접했다. 노블레스 오블리주를 실천한 인물 덕분에 우리는 이제 〈세한도〉와 같은 최고의 걸작을 박물관에서 직접 열람할 수 있게 되었다. 손창근은 부친 손세기가 모은 고서화를 소중히 간직하면서 1960년대 외국인 상사에 근무하던 시절부터 본격적으로 수집했다. 수집 과정에서 기억에 남는 소장품으로는 김정희가 예서로 쓴 〈잔서완석루殘書頑石樓〉를 꼽았다.

 〈세한도〉의 명성으로 김정희(1786~1856) 하면 그의 유배지였던 제주도를 많이 떠올리는데, 김정희가 태어난 곳은 충청도 예산이다. 김정희는 1786년 아버지 김노경과 어머니 기계 유씨 밑에서 충청남도 예산현 신암면 용궁리에서 태어났다. 용궁리는 지금도 많

추사 김정희의 〈세한도〉. 지위와 권력을 박탈당하고 제주도 유배지에서 귀양살이하고 있었던 김정희가 사제 간의 의리를 잊지 않고 두 번씩이나 북경으로부터 귀한 책들을 구해다 준 제자인 역관 이상적에게 1844년(헌종 10)에 답례로 그려준 것이다. 김정희는 이 그림에서 이상적의 인품을 날씨가 추워진 뒤에 제일 늦게 낙엽 지는 소나무와 잣나무의 지조에 비유하여 표현했다.

이 있는 사과 과수원을 통해 예산 사과의 명성을 확인할 수 있는 곳이기도 하다. 김정희가 태어나고 자란 '추사고택'은 김정희의 증조부 김한신이 건립했다.

　　추사고택은 솟을대문의 문간채, ㄱ자형의 사랑채, ㅁ자형의 안채와 안채 뒤편에 김정희의 영정을 모신 사당인 영당影堂으로 구성되어 있다. 영당의 김정희 영정(원본은 국립중앙박물관 소장)은 김정희의 제자인 이한철이 그린 것이다. 고택의 기둥 곳곳에는 김정희가 쓴 주련(기둥이나 벽 따위에 장식으로 써서 붙이는 글귀)들이 걸려 있으며, 사랑채 앞의 석년石年이라고 쓴 돌기둥에 김정희는 직접 제작한 해시계를 올려놓았다.

　　추사고택 우측에는 조선 왕실 여성 유일의 홍문(효자, 열녀들을 표창하기 위해 그 집 앞에 세우던 붉은 문인 정려문을 뜻한다)인 화순옹주의 홍문이 있는 것도 주목할 만하다. 화순옹주는 영조의 딸로, 김한신의 부인이자 김정희의 증조모가 된다. 김한신이 38세의 나이로 죽자, 화순옹주는 영조의 만류에도 불구하고 단식 투쟁 끝에 남편을 따라 죽었다. 딸의 죽음을 괘씸하게 여긴 영조는 열녀로 인정하지 않았지만, 정조 때에 열녀임을 인정하는 홍문을 세웠다.

홍문 뒤에는 김한신과 화순옹주 부부의 합장묘가 있다. 고택에서 북쪽으로 올라가는 길에 자리잡고 있는 김정희의 고조부 김흥경의 묘역에서는 백송을 볼 수 있다. 이 백송은 김정희가 25세 때 청나라 연경에서 백송의 종자를 가지고 와서 심은 것으로 알려져 있다. 가을날 추사고택으로 가는 길은 예산 사과 과수원들이 많아서 더욱 좋다.

예산군에 소재한 추사고택. 조선 후기의 실학자이며 대표적인 서예가였던 추사 김정희의 생가인 추사고택은 추사의 증조부인 월성위 김한신이 건립한 것으로 알려져 있다. 추사고택은 266.11제곱미터(80.5평)로 솟을대문의 문간채, ㄱ자형의 사랑채, ㅁ자형의 안채와 함께 김정희의 영정이 모셔져 있다.

추사고택 바로 옆에는 2008년에 개관한 추사기념관이 있는데, 추사와 관련된 물품들을 전시하고 있다. 추사고택에서 조금 떨어진 곳에는 추사 집안의 원찰로 활용된 화암사華巖寺가 있다. '화암사'라는 절 이름은 영조가 명명한 것이고, 현판은 월성위 김한신이 쓴 것이다.

화암사 뒤편 오석산 병풍 바위에서 김정희의 필적을 찾아볼 수 있다. '석가모니의 집'이라는 뜻의 '천축고선생택天竺古先生宅', 좋은 경치라는 뜻의 '시경詩境', 그리고 김정희가 평소 존경했던 청나라 학자 옹방강이 집 앞 석순에 '봉래'라 적은 것을 보고 자신은 작은 봉래라 부르며 '소봉래小蓬萊'를 새긴 것도 확인할 수 있다.

 **추사고택 가는 길**

'충청남도 예산군 신암면 용궁리 799-2 '의 추사고택은 남부터미널에서 예산행 직행버스를 이용하여 신례원 정류장에서 하차한 후 추사고택 방면 시내버스를 타고 10분 정도 가면 나온다. 가을에는 고택 주변에 있는 사과나무 과수원을 만날 수 있다.

# 충남 홍성
## 성삼문 유허지

성삼문은 충청남도 홍주(현재의 홍성군) 홍북면 노은동 외가에서 태어났다. 그를 막 낳으려고 할 때에 공중에서 하늘이 "낳았느냐?" 라고 세 번 묻는 소리가 났으므로 하늘이 세 번 물었다 하여, 삼문 三問이라 이름을 지었다는 일화가 전해온다. 형제로는 동생 삼빙, 삼고, 삼성이 있다. 집현전 학자로 근무하면서, 세종의 총애를 받았고 훈민정음의 창제와 반포에도 깊이 관여했다.

1456년 6월 성삼문(1418~1456) 등이 주도한 단종 복위운동이 일어났다. 1453년 10월 10일의 쿠데타인 계유정난으로 수양대군은 완전히 권력을 잡았다. 이름만 남은 왕 단종은 1455년 윤6월 수양대군에게 옥새를 물려주고 왕의 자리에서 물러났다. 단종이 상왕으로 물러나던 날, 성삼문은 동부승지(왕명의 출납을 전담하는 역할)로 있었다. 훗날 죽음으로 저항할 수양대군에게 옥새를 주는 임무를 수행했던 기구한 위치였다. 《연려실기술》에는 당시의 상황이 다음

충남 홍성에 소재한 노은단. 1864년 대원군 서원 철폐령 당시 노은서원이 철거되면서 당시 유생들이 현 노은단에 사육신의 위패를 모셨다. 매년 음력 10월 20일에 제향을 올리고 있다.

과 같이 기록되어 있다.

"동부승지 성삼문에게 상서원에 가서 빨리 옥새를 내어오도록 명하고 균을 시켜 경회루 아래로 받들고 나오라 하고, 임금이 경회루 아래에 나와서 세조를 불렀다. 세조가 들어가니, 승지와 사간이 따랐다. 임금이 일어서니, 세조가 꿇어 엎드려서 울며 굳이 사양하였다. 임금이 손에 옥새를 들고 세조에게 주었다. 세조가 사양하다 재가를 받지 못하고 그대로 엎드려 있으니, 임금이 부축하여 나가라고 하고, 군사가 호위하였으며, 정부는 집현전 부제학 김례몽 등으로 하여금 선위·즉위하는 교서를 봉하게 하고, 유사는 의위(의식을 장엄하게 하기 위하여 대열에 참여하게 하는 호위병)를 갖추어 경복궁 근정전에 헌가(시렁과 같이 걸 수 있는 높은 곳)를 설치하고, 세조가 익선관과 곤룡포를 갖추고 백관을 거느리고 대궐 뜰에 나가서 선위를 받았다. 세조가 사정전에 들어가 임금을 뵈옵고 드디어 근정전에서 즉위하였다."

수양대군이 세조로 왕위에 오르자, 성삼문의 분노는 극에 달했다. 성삼문은 박팽년 등과 함께 단종을 왕으로 복위시키는 거사를 준비했다. 창덕궁에서 명나라 사신을 접대하는 행사가 있었던 6월 1일을 거사일로 삼았지만, 내부자의 밀고로 거사 직전에 주동자들은 체포되었고 대부분 처형으로 삶을 마감했다. 세조는 성삼문을 친히 국문(중죄인을 신문하던 일)하면서, "왜 나를 배반하였는가"라 하자, 성삼문은 세조를 '나으리'라 지칭하며, 왕으로 인정하지 않았다.

"옛 임금을 복위하려 함이라, 천하에 누가 자기 임금을 사랑하지 않는 자가 있는가. 어찌 이를 모반이라 말하는가"라며 끝까지 당당함을 지켰다. 처형으로 삶을 마감한 성삼문, 박팽년, 하위지, 이개, 유성원, 유응부는 훗날 사육신으로 표창되었고, 지금까지 충절의 대명사로 기억되고 있다. 충청남도 홍성군 노은리에는 '성삼문선생유허지成三問先生遺墟址'로 지정된 성삼문의 유적지가 있다. 이곳은 성삼문이 태어난 곳으로, 그의 외조부 박첨의 집이었다.

남단에는 '성선생유허비'가 있고, 북단에는 사육신의 위패와 서원의 현판을 매안(신주를 무덤 앞에 묻음)한 노은단魯恩壇이 있다. 숙종 때 성삼문의 생가를 고쳐 사당인 노은사를 건립했다. 노은사는 숙종 때는 녹운서원, 영조 때는 노은서원으로 사액되었으나, 흥선대원군 때 서원 철폐령으로 없어졌다. 현재는 노은단과 함께 성삼문을 모신 사당인 충문사忠文祠가 그 흔적을 보여주고 있다.

### 노은단 가는 길

노은단은 '충청남도 홍성군 홍북읍 노은리'에 있다. 서울 센트럴시티터미널에서
홍성행 고속버스를 타고 2시간 정도 가서 홍성종합터미널에서 하차한다. 홍성
터미널에서 20분 정도 농어촌버스를 타고 노은리·하리 정류장에서 내려 도보로
15분 정도 이동하면 노은단이 나온다. 도로변에 있어 찾기 쉽다. 서울시 종로구
정독도서관 앞에는 성삼문 집터 표지석이 있다.

# 충주 고구려비와
# 단양 신라적성비, 그리고 북한산비

　　제천, 단양, 충주, 진천, 괴산, 보은, 옥천 등 충청북도에 있는 주요 역사 유적을 살펴보는 추계 학술답사를 다녀왔다. 충청북도는 남한강이 지역을 관통하는 곳으로서, 삼국시대부터 고구려, 백제, 신라가 이 지역을 차지하기 위해 치열한 경쟁을 벌였다. '충주 고구려비'와 '단양 신라적성비'는 당시의 역사를 잘 담고 있는 비석이다.

　　충주 고구려비는 5세기 고구려 장수왕이 남하정책을 추진하여 이 지역을 차지한 것을 기념하고 있는데, 현재의 대한민국 영토 내에 남아 있는 유일한 고구려비라는 점에서도 의미가 크다. 1979년 처음 발견되었으며, 7차에 걸친 조사 끝에 고구려비임이 밝혀졌다. 전체 730여 자 가운데 200자 정도만 읽을 수 있는데 향후 더 많은 글자의 판독도 기대된다. 신라를 '동이東夷'라 부르고, 신라왕을 '매금寐錦'이라 부르고 있고, 고구려 사령관을 뜻하는 '당주'라는 명칭

단양신라적성비. 성재산 적성산성 내에 위치한 비로, 삼국시대 신라가 고구려의 영토인 이곳 적성을 점령한 후에 민심을 안정시키기 위해 세워놓은 것이다. 높이 93cm, 폭 107cm, 두께 25cm로 1979년 국보로 지정됐다.

도 보인다.

　충주와 인접한 단양에는 6세기 신라의 전성기를 보여주는 단양 신라적성비가 있다. 이 비석은 신라 진흥왕의 고구려에 대한 반격을 상징한다. 진흥왕은 5세기 때 고구려에게 빼앗긴 한강 상류 지역을 회복하면서 전략적 요충지에 이 비석을 세웠다. 비석은 화강암 자연석으로 1978년 발견 당시 상당 부분이 땅에 묻혀 있어서 비면이 깨끗했다. 비면에 새겨진 430여 자 중 309자의 해독이 가능한 상태다.

　신라적성비에는 당시 진흥왕의 적성 정복에 공을 세운 고구려인들의 이름이 새겨져 있다. '야이차'가 그 주인공으로, 비석을 세울 무렵 '야이차'가 사망하면서, 그 가족들에게 은전을 하사한 기록이 보인다. 신라적성비 건립을 계기로 진흥왕은 더욱 적극적인 정복 활동을 했고, 이것은 창녕비, 북한산비, 황초령비, 마운령비 등 4대 순수비(척경비)의 건립으로 이어졌다. 신라적성비 근처에는 고구려 장군 온달과 관련이 있는 온달산성이 있다. 온달은 진흥왕 때 빼앗긴 이 지역을 되찾기 위해, 이곳에서 전투를 벌이다가 온달산성(아단성)에서 전사했다고 전해진다.

진흥왕 순수비 중 북한산비의 발견은 극적이었다. 북한산비는 1,200여 년 동안 잊혀졌다가 19세기 전반인 1816년(순조 16)에 금석학 전문가이기도 했던 추사 김정희에 의해 서울 북한산에서 발견되었다. 북한산비에는 진흥왕이 북한산을 둘러보고 돌아오는 길에 지나온 여러 고을에 세금을 면제해주고, 죄수들을 석방하도록 했다는 내용이 담겨 있다.

북한산비는 그전까지 무학대사의 비, 태조 왕건의 비 정도로 잘못 알려져 있었는데, 김정희는 여기에서 '眞興太王及衆臣巡狩(진흥태왕급중신순수)'라는 글씨를 찾아 이 비가 신라 진흥왕이 세운 비석임을 증명했다. 1972년에 경복궁으로 옮겼다가 지금은 국립중앙박물관에 옮겨 보존하고 있다. 2006년 10월 19일에 복제비를 제작하여 원래의 자리에 설치했다. 북한산의 봉우리 중에서 '비봉碑峰'이라는 명칭은 원래 이곳에 북한산비가 있었기 때문이다.

고대에 새겨진 비석들은 역사의 비밀을 풀어나가는 데 있어서 주요한 열쇠가 된다. 충주 고구려비와 단양 신라적성비를 통해 현재의 충북 지역과 남한강을 둘러싸고 치열하게 대립했던 고구려, 백제, 신라 삼국 간 전쟁의 역사를 떠올려볼 수 있다.

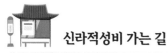

## 신라적성비 가는 길

'충청북도 단양군 단성면 하방3길'의 신라적성비는 동서울종합터미널에서 단양 고속버스를 타고 단양에서 내려 단성 방면으로 가는 버스를 탄 다음 도보 30분 정도 이동하면 나온다. 단양팔경휴게소 건물 뒤쪽으로 난 오솔길을 따라가도 신 라적성비를 만날 수 있다.

# 1,450년 만에 드러난
# 공주 무령왕릉

1971년 7월 5일 한국 고대의 역사를 새로 써야 할 정도로 엄청난 발굴이 이루어졌다. 충청남도 공주시 송산리 고분군에 소재한 무덤이 도굴되지 않은 원형의 형태로 발견되었고, 무덤의 주인공까지 밝혀졌다. 무령왕이 523년에 사망했으니, 거의 1,450년 만에 무덤의 주인공이 세상에 나타난 것이다. 진시황의 병마용갱 또한 1974년에 농부가 우물을 뚫기 위해 구덩이를 파면서 발견되었는데 2,000여 년이 지난 후에야 그 존재가 알려진 셈이다. 이처럼 역사적 발견은 1,000여 년, 2,000여 년이라는 시간이 훌쩍 지난 후에 이루어지기도 한다.

이렇게 발견된 무덤의 주인공인 백제의 25대 왕인 무령왕(462~523, 재위 501~523)이다. 그래서 무령왕릉이라고 부른다. 《삼국사기》의 기록에 의거하면, 무령왕은 "신장이 8척이고, 눈매가 그림과 같았으며 인자하고 너그러워서 민심이 그를 따랐다"라고 전해

공주 무령왕릉. 백제 25대 임금 무령왕의 무덤이다. 연꽃무늬 벽돌로 아치를 쌓은 아치형 벽돌무덤으로, 대규모 발굴 덕분에 백제시대에 장사를 어떻게 지냈는지를 알 수 있게 되었다. 고구려, 백제, 신라, 가야, 양나라, 북위, 왜 등 동아시아 국가와 베트남, 태국 등 동남아 국가의 문화교류도 확인할 수 있어 학술적 가치가 매우 높다.

진다. 체격은 매우 컸지만 선한 인상을 한 왕으로 짐작된다.

501년 부친 동성왕이 사냥을 나갔다가 좌평 백가가 보낸 자객에게 사망하자 왕위에 오른 무령왕은 병사들을 이끌고 백가의 반란을 진압했다. 고구려를 견제하기 위해 중국 남조의 양나라와 왜 등과의 외교 관계도 강화했다. 521년 양나라에 사신을 보냈는데, 이때 양나라 무제는 무령왕을 '사지절도독백제제군사영동대장군使 持節都督百濟諸軍事寧東大將軍'으로 봉했다.

오랫동안 그 모습을 드러내지 않았던 무령왕릉의 발굴은 거의 기적이었다. 백제의 벽돌무덤과 굴식돌방무덤 등이 발굴된 무덤군인 송산리 고분군은 1930년대에 6호분까지 발견된 상태였다. 처음 무령왕릉은 6호분 옆에 위치한 구릉으로만 파악하고 있었다. 그러다가 1971년 7월 6호분 내부에 스며드는 유입수를 막기 위한 배수로 공사를 하는 과정에서 그 모습을 드러낸 것이다. 왕릉 내부에서는 엄청난 유물과 유적이 쏟아져 나왔다. 4,600여 점의 유물 중에서 왕과 왕비의 금제관식, 묘지석, 석수(무덤을 지키게 할 목적으로 짐승의 형상을 새겨 만든 석물) 등 12종 17건은 국보로 지정되어 있다.

무령왕릉의 발굴은 최고이면서도 최악의 발굴이라는 평가를 받기도 한다. 도굴이 한 번도 되지 않은 귀중한 왕릉을 발굴했지만, 보통은 몇 년은 걸릴 법한 발굴 조사를 17시간 만에 함으로써 많은 문화재가 손실되는 잘못을 범하기도 했다. 무령왕릉의 가장 큰 특징은 무덤의 주인공을 확인하게 하는 묘지석이 함께 발견된 것이다. 묘지석에는 "영동대장군 백제 사마왕(무령왕)이 62세 되던 계묘년 5월 7일에 붕어하시고 을사년 8월 12일에 대묘에 예를 갖춰 안장하고 이와 같이 기록한다"라고 쓰여 있다. 무령왕이 523년 5월에 사망하고, 525년 8월에 왕릉에 안치되었음을 알 수 있다.

무령왕릉 관련 유물은 현재 국립공주박물관 1층의 독립 공간에 전시되어 있다. 특히 박물관 입구에 세워져 있는 '진묘수鎭墓獸'가 눈길을 끈다. 진묘수는 무덤을 지키는 수호 석수로, 무령왕릉 발굴 당시 밖을 향해 놓여 있어 무덤을 열었을 때 제일 먼저 눈에 띄었던 유물이다. 출토된 진묘수를 7배 확대하여, 박물관 입구에 설치해두었다. 고대 백제 문화의 진수를 그대로 접할 수 있는 무령왕릉과 국립공주박물관의 탐방을 권한다. 54년 전 이곳에서 역사적 발굴이 실제로 이루어졌다는 상징성도 탐방의 의미를 더해 줄 것이다.

 **무령왕릉 가는 길**

'충청남도 공주시 금성동 산5-1번지'의 무령왕릉은 공주종합버스터미널에서 택시로 8분 이동하거나 125번 버스를 타고 25분 이동하여 무령왕릉 정류장에서 내리면 나온다. 무령왕릉 인근에는 국립공주박물관이 있다.

# 옥천
# 정지용생가

　고향은 누구에게나 가슴이 설레는 말이다. 고향의 산천과 집, 함께했던 친구와 집에서 기르던 동물까지도 아련한 기억으로 남아 있다. 한국인 모두의 고향이 될 수 있는 곳은 어디일까? 필자는 정지용(1902~1950) 시인의 생가가 있는 충청북도 옥천을 꼽고 싶다. 무엇보다 그의 시 〈향수〉가 주는 울림이 너무나 크기 때문이다.

　"넓은 벌 동쪽 끝으로 옛이야기 지줄대는 실개천이 회돌아 나가고 얼룩백이 황소가 해설피 금빛 게으른 울음을 우는 곳, 그곳이 차마 꿈엔들 잊힐리야." 시의 표현대로 정말 꿈에도 잊을 수 없는 곳이 고향이다. 〈향수〉는 정지용이 일본에 유학 갈 때 고향을 그리며 쓴 시로 1927년 《조선지광》에 발표했다. 한가로운 고향의 정경을 한 폭의 풍경화처럼 생생하게 그려낸, 1920년대 모더니즘 시의 대표작으로 평가받고 있다.

　정지용은 1902년 옥천에 태어나 유년 시절을 보낸 후 서울로 올라와 휘문고등학교에서 중등 과정을 이수했다. 이후 일본에서 영문학을 전공했고, 귀국 후 휘문고등학교 교사, 이화여자대학교 문학부 교수 등을 지냈다. 1950년 6·25 때 납북된 뒤 한동안 월북작가로 분류되어 그의 작품이 제대로 알려지지 않았다가, 1988년 납북작가 및 월북작가의 작품에 대한 해금 조치로 그의 작품은 다시 평가를 받게 되었다. 해금 조치 후 생가 복원 사업이 추진되었고, 1996년 옛 모습 그대로 복원된 정지용생가는 현재 충청북도 옥천군 옥천읍 향수길에 자리를 잡고 있다.

사립문, 집 마당 언저리의 우물, 담벼락 아래 장독대, 당시 생활상을 보여주는 부엌 등이 조성되어 있고, 마당의 감나무까지 잊혀져가는 고향집 풍경을 정겹게 전해준다. 생가의 사립문을 열고 나가면 시인의 문학 세계를 둘러볼 수 있는 '정지용문학관'이 조성되어 있는데, 그의 문학 이력과 작품들이 전시되어 있다. 우리들의 가슴에 새겨진 고향의 정경을 오롯하게 담아낸 시 〈향수〉는 1989년 이동원과 박인수의 노래로 대중들에게 널리 알려지게 되었고, 고향의 의미를 감동적으로 전달해주고 있다.

옥천의 정지용생가 인근에는 박정희 대통령의 부인 육영수 (1925~1974) 여사의 생가가 있다. 육영수는 옥천 교동리에서 출생하였는데, 솟을대문을 들어서면 청포와 수련이 자생하는 연못을 만날 수 있다. 정면 3칸의 사랑채와 건너채, 두 칸의 온돌방, 후원 등으로 구성되어 있는데 조선시대 상류층의 전형적인 가옥 모습을 띠고 있다. 육영수생가는 복원하여 현재 관광지로 활용하고 있다.

충북 옥천 정지용 시인의 생가. 정지용은 6·25전쟁이 발발하면서 행방불명되고 정부는 그를 월북작가로 분류해 그의 작품 모두를 판금시키고 학문적인 접근조차 막았다. 그로부터 30여 년이 지난 1988년에 그의 작품은 해금되어 다시 빛을 보게 되었다. 해금 조치가 있은 후 그의 생가를 허물고 지은 집의 벽에 그 자취만이라도 전하고자 '지용유적 제1호'임을 알리는 청동제 표시판을 붙여놓았다.

옥천군 군북면 이백리에는 이 지역 출신 의병장 조헌이 후학들을 가르쳤던 서당인 이지당이 있다. 각신동이라는 마을 앞에 있었으므로, 처음에는 각신서당이라고 했다. 조헌이 친필로 쓴 '각신서당覺新書堂'이라는 현판이 걸려 있는 것도 볼 수가 있다. 뒤에 송시열이 《시경》의 구절인 '고산앙지 경행행지高山仰止 景行行止', 즉 "산이 높으면 우러러보지 않을 수 없고 큰 행실은 그칠 수 없다"라는 뜻을 담아 '이지당二止堂'이라고 한 것이 지금까지 이어져 오고 있다.

옥천 출신의 정지용 이외에 대표적인 월북 작가로는 박태원(1909~1986)과 이태준이 있다. 박태원은 서울 종로에서 출생했으며, 청계천의 풍경을 담은 〈천변풍경〉과 자신의 자전적 모습을 그린 〈소설가 구보씨의 일일〉 등의 작품을 남겼다. 그의 작품은 도시의 일상과 사람들의 모습을 세밀하게 그려내며, 한국 모더니즘 문학의 새로운 지평을 열었다. 1934년 조선중앙일보에 발표된 〈소설가 구보씨의 일일〉에는 종로, 화신백화점, 전차 등 90년 전 서울의 풍경들이 잘 묘사되어 있다.

박태원은 1950년 6.25 전쟁 때 아내와 자식을 두고 홀로 월북했는데, 구인회 시절 절친한 동료였던 이태준을 따라 북한으로 가게 된 것으로 알려져 있다. 월북 후에는 역사소설 〈갑오농민전쟁〉을 저술했다. 이태준은 〈복덕방〉, 〈까마귀〉 등의 단편소설을 남겼으며, 1946년 월북 후 모스크바를 방문하고, 〈소련기행〉을 썼다. 이태준이 서울에서 거주하던 성북구의 자택은 현재 서울시 민속자료 제11호로 지정되어 있다. 1933년 이태준이 지은 당호인 수연산방壽硯山房이라는 이름을 내걸고, 현재에도 전통 찻집으로 운영되고 있다.

월북작가 해금 조치가 이루어지면서, 정지용, 박태원, 이태준 등의 작품들이 다시 관심을 받게 되었다. 충북 옥천의 정지용문학관 조성에서도 볼 수 있듯이, 이념을 넘어 이들이 추구한 문학적 가치를 재조명하게 된 것이다.

### 정지용생가 가는 길

'충청북도 옥천군 옥천읍 향수길 56'의 정지용생가는 옥천역 부근 시내버스종점 차고지 정류장에서 610번 농어촌버스를 타고 옥향아파트 정류장에 하차해서 도보 8분 정도 이동하면 나온다. 정지용생가 옆에 정지용문학관을 조성해 놓았다.

# 김대건 신부와
# 솔뫼성지

2021년 8월 21일은 한국 최초의 사제인 김대건 안드레아 (1821~1846) 신부가 탄생한 지 200주년이 되는 날이었다. 김대건의 출생지 충남 당진의 솔뫼성지에서는 다양한 기념행사가 개최되었다.

'솔뫼'는 '소나무가 뫼를 이루고 있다'는 뜻으로, 생가 주변에는 울창한 소나무 숲이 조성되어 있다. 조선 후기 천주교가 수용되는 과정에서 박해 사건이 일어났고, 김대건 신부의 집안에서는 많은 순교자가 나왔다. 증조부 김진후는 1814년 서산 해미읍성에서 순교했고, 작은 할아버지 김종한은 1816년 대구 관덕정에서, 부친 김제준은 1839년 서소문 밖에서 순교했다. 김대건 신부 또한 1846년 한강 새남터에서 순교했으니, 솔뫼성지는 4대의 순교자를 배출한 그야말로 천주교의 성지가 된다.

김대건 신부는 15세 때인 1836년 피에르 모방 신부에 의해 신학생으로 선발되어 마카오로 유학하여 신학을 공부했고, 1845년

솔뫼성지의 김대건 신부의 생가. 솔뫼는 충청도에서 제일 좋은 땅 '내포' 한가운데 자리하고 있으며, '소나무가 우거진 작은 동산'이라는 뜻을 가지고 있다. 이곳에서 1821년 8월 21일 한국 최초의 사제인 김대건 안드레아 신부가 태어났으며 박해를 피해 할아버지 김택현을 따라 용인 한덕동(현 골배마실)으로 이사 갈 때인 일곱 살까지 살았다.

중국 상하이에서 페레올 주교로부터 한국인 최초로 사제품을 받았다. 조선에 입국한 후에는 선교 활동을 위해 온 힘을 쏟았고, 당시 조선에 천연두가 유행하자, 서양에 치료법을 요청하는 등 평등과 사랑을 실천하는 삶을 살았다. 김대건 순교 100주년이 되는 1946년 순교 기념비를 세우면서 성지가 조성되기 시작했고, 1984년 5월 6일 한국을 방문한 교황 요한 바오로 2세는 김대건 신부를 비롯한 103위 순교 성인들과 함께 시성(가톨릭교에서 죽은 후에 성인품으로 올리는 일)하였다.

현재 솔뫼성지에는 김대건생가와 함께 성당과 기념관 및 야외 공연장 등이 있다. 2014년 교황 프란치스코가 솔뫼성지를 방문했으며, 생가 앞에는 이곳을 방문한 교황의 모습이 형상화되어 있다.

김대건 신부의 탄생 200주년을 맞아 유네스코에서는 김대건 신부를 '2021년 유네스코 세계기념인물'로 선정했다. 유네스코 세계기념인물로 선정된 인물로는 2012년 탄생 250주년을 맞아 선정된 다산 정약용과, 2013년《동의보감》간행 400주년을 맞아 선정된 구암 허준이 있다. 당진시는 솔뫼성지에서 합덕성당, 무명순교자의 묘 등을 거쳐 신리성지까지 순례하는 '버그내 순례길'을 운영하고 있다.

당진과 인접한 서산 지역도 천주교 순교자가 많이 배출된 곳이다. 서산의 해미면에는 2020년 11월 29일 교황청이 선포한, 우리나라 최초의 유일 국제성지인 '해미국제성지'가 자리를 잡고 있다. '예수, 마리아'를 부르는 신자들의 기도 소리를 '여수머리'라 알아들은 주민들의 입을 통해 '여수골'이라는 지명으로 전해오고 있다.

조선시대 충청도 병영으로 활용되었던 해미읍성에는 천주교 신자들이 다수 처형된 회화나무(호야나무)와 감옥터가 지금도 그 자리를 지키고 있다. 나무에는 신자들을 고문했던 철사줄의 흔적도 희미하게 남아 있다. 1866년 병인박해 때는 1,000여 명이 목숨을 잃기도 했던 아픈 역사의 장소다.

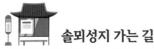

## 솔뫼성지 가는 길

'충청남도 당진시 우강면 송산리 산45-3'의 솔뫼성지는 서울 남부터미널에서 시외버스를 타고 1시간 50분 정도 이동 후 합덕터미널에서 내려 택시로 3분, 도보로 20분 이동하면 나온다. 기념관과 야외공연장이 함께 조성되어 있다.

# 윤봉길 의사를
# 기억하는 곳들

　한국독립운동사에서 가장 극적인 장면 중 하나는 윤봉길 의사
가 중국 상하이에서 폭탄을 투척한 그날이다. 1932년 4월 29일 상
하이 홍코우 공원에서는 일왕의 탄신을 기념하는 천장절과, 상하
이 사변에서는 일본이 승리한 것을 축하하는 행사가 진행되고 있
었다. 이 현장에서 윤봉길(1908~1932) 의사는 미리 준비한 물통 폭
탄을 던져, 상하이 파견군 대장 시라가와 등 일본 장성을 그 자리
에서 즉사시키는 쾌거를 이룩했다.

　체포될 때 들고 있던 도시락 폭탄은 물통 폭탄의 불발을 대비하
고 자결을 위해서 준비한 것이었다. 중국의 지도자 장제스는 "중국
100만 대군도 하지 못한 일을 조선의 한 청년이 해냈다"고 극찬했
다. 현장에서 체포된 윤봉길 의사는 그해 12월 일본에서 25세의 젊
은 나이로 순국했다.

　윤봉길 의사가 태어나고 자란 곳은 충청남도 예산군 덕산면이

윤봉길 의사가 망명 전까지 살았던 저한당. 윤봉길 의사가 4살 때부터 중국으로 망명했던 1930년 이전까지 살았던 곳으로, '저한당'이라는 이름은 '한국을 건져 내는 집'이라는 뜻이다. 사적으로 지정된 예산 윤봉길 의사 유적에 속해 있다.

다. 현재 이곳에는 의사가 태어난 집 광현당과 4세 이후부터 중국에 건너가기 전까지 살았던 집 저한당이 있다. 광현당이 있는 생가는 두 물줄기가 만나서 이루어지는 배 모양의 '도중도島中島'의 형태여서 더욱 운치가 있다. '저한당'은 '한국을 건져내는 집'이란 뜻으로, 윤봉길 의사의 삶이 그대로 관철되어 있는 이름이다. 조촐한 초가집 형태의 생가 유적지에는 농촌 계몽 운동에 투신하면서 야학 활동을 했던 공간들도 잘 남아 있다. 생가 유적지 건너편에는 윤봉길 의사를 모신 사당인 충의사忠義祠가 있다.

　윤봉길은 1918년 덕산보통학교(현 덕산초등학교)에 입학했으나, 조선인이 조선말을 못 쓰고 일본말을 써야 하는 것과 교장이 일본인인 것에 불만이 많았다. 게다가 다음 해에 3·1운동이 일어나자

이에 자극을 받아 일본말을 배우며 일본인 교장 밑에서 교육을 받는 식민지 노예 교육을 배격하면서 부모님 앞에서 학교를 자퇴할 것을 선언했고, 그렇게 학교를 그만두었다. 윤봉길 의사가 어린 시절을 보낸 덕산 지역은 1980년대 후반 이후 온천수가 나와 현재 대규모 온천단지로 개발되어 있다.

필자는 윤봉길 생가를 찾으면, '윤봉길 의사도 온천수에 발을 담갔을까?' 하는 생각을 하곤 했다. 학교를 그만둔 이후에 윤봉길은 주로 사서오경 등 한학을 주로 공부했으며, 1926년에는 매헌梅軒이라는 아호를 얻었다. 현재 서울시 서초구 양재동에는 매헌윤봉길의사기념사업회가 주관하여 국민들의 성금으로 1988년 12월 1일에 건립한 '매헌윤봉길의사기념관'이 조성되어 있다.

1930년 "장부가 집을 나서면 살아 돌아오지 않는다丈夫出家生不還"는 글을 남기고 만주로 망명한 윤봉길 의사는 1931년 임시정부로 옮겨 김구 선생이 지휘하는 한인애국단의 단원이 되었다. 1932년의 거사 직전 자신이 갖고 있던 회중시계와 김구 선생의 낡은 시계를 맞바꾸었는데, 이 시계는 현재 예산군 윤봉길의사기념관에 보관되어 있다. 1960년 4·19혁명 때에도 많은 젊은이들이 희생되었다. 윤봉길 의사의 거사가 일어난 날은 1932년 4월 29일로 역시 4월이다. 4월의 맑은 하늘을 우리가 평화롭게 공유할 수 있게 된 데에는 나라를 위해 헌신한 사람들의 숭고한 희생이 있었음을 기억하면 좋겠다.

## 저한당 가는 길

저한당은 '충청남도 예산군 덕산면 시량리 산40-1번지'에 있다. 예산종합버스터
미널에서 덕산 방면 버스를 타고 시량리에서 하차하면 도보로 이동 가능하다. 생
가 바로 위쪽에 윤봉길의사기념관이 조성되어 있다.

## 7부

# 허난설헌과 김만덕,
# 강원도·제주도

# 신사임당과 이이의 공간,
# 오죽헌

　우리 역사 속에서 가장 모범적인 어버이와 자식의 관계라는 질문을 던지면 가장 먼저 떠오르는 인물이 신사임당(1504~1551)과 율곡 이이(1536~1584)이다. 두 사람은 5만 원과 5천 원권 지폐의 주인공으로 등장하여, 한국을 대표하는 인물로 기억이 되기도 한다.

　1536년 신사임당은 이원수와의 사이에서 다섯째인 아들 이이를 낳았다. 출생지는 강릉 오죽헌. 오죽헌은 '검은 대나무로 둘러싸인 집'이라는 뜻이다. 이이가 태어날 때 용꿈을 꾸었다고 하여, 어릴 때의 이름은 현룡見龍이었으며, 그가 태어난 방은 몽룡실夢龍室로 불렸다. 오죽헌은 신사임당이 아버지 신명화로부터 물려받은 친정집이었다.

　조선 전기까지는 여성이 남성과 거의 동등한 대우를 받았다. 재산 상속에서도 남녀가 똑같이 재산을 물려받았으며, 혼인에서는 처가살이가 관행적으로 행해졌다. 이이의 아버지 이원수도 처가살

오죽헌. 강원도 강릉시 죽헌동에 있는 조선 중기의 주택 별당 건물. 조선시대 상류 주택의 별당 사랑채로 사용되던 전통 건축물로, 신사임당과 율곡 이이가 태어난 생가다.

이하면서 이이를 낳은 것이었다. 따라서 오죽헌은 신사임당과 더 많은 인연을 가진 유적지이기도 하다. 강릉 외가에서 자라던 이이는 여섯 살 때 서울로 올라왔는데 집은 수진방(현재의 종로구 청진동 일대)에 있었다. 서울로 온 신사임당은 항상 홀어머니를 그리며 눈물을 흘리는 일이 많았고, 수시로 강릉에 가서 어머니를 봉양했다.

이이에게 있어서 존재 그 자체이기도 했던 어머니의 죽음은 큰 충격으로 다가왔다. 충격 속에 이이는 성리학이 지배 이념인 조선시대에 집을 나가 금강산으로 들어가 불교에 빠졌다. 《선조실록》에도, "어머니를 여의고 망령되이 슬픔을 잊고자 불교를 탐독하여 거의 1년이 되도록 불교에 종사하였습니다"라고 기록하고 있다.

이이는 곧 불교의 허망함을 깨닫고 다시 유학자의 길로 들어가 조선 최고의 유학자가 되었다. 신사임당과 이이의 삶의 행적이 고스란히 남아 있는 강릉 오죽헌에는 보물로 지정된 오죽헌 건물과 함께, 이이를 모신 사당인 문성사, 율곡기념관, 신사임당 초충도 화단 등의 유적이 있다.

이이가 강릉 인근의 청학산을 탐방하고 쓴 기행문인《유청학산기遊靑鶴山記》에는 이이와 강원도와의 인연이 잘 나타나 있다. 이이는 1569년 초여름 아우 위와 서외숙, 박유, 장여필 등과 함께 청학산에 올랐다.

"융경 기사년(1569년) 내가 관직을 쉬고 강릉으로 조모님을 뵈러 갔을 때, 동네 사람들과 이야기를 나누다가 경치 좋은 산수에까지 이야기가 이르렀다. 내가 '대관령 동쪽으로는 유람하는 이들은 꼭 한송정과 경포대를 거론하는데, 이는 다 강과 바다의 좋은 경치일 뿐이오. 숨어 살 만한 골짜기와 계곡이 있다는 말은 듣지 못했소. 아마 있기야 하겠지만 나는 아직 못 봤습니다'라고 했더니, 박유가 옆에 있다가 '제가 선비 장여필에게 들었는데, 연곡현(현재의 강릉시 연곡면) 서쪽에 오대산에서 뻗어 내려온 산이 백여 리에 걸쳐 자리하고 있다 합니다. 그 안의 골짜기가 매우 깨끗하고 좋은데, 깊은 곳에는 청학靑鶴이 바위봉우리 위에 깃들어 있어 참으로 선경仙境입니다. 유람하는 사람이 잘 가지 않아 숨겨진 채 크게 드러나지 않았을 뿐입니다' 이 말을 들으니 나도 모르는 사이에 마음이 상쾌해졌다" 라는 기록에서 그들이 오대산의 지맥인 청학산 답사에 나선

정황을 볼 수 있다.

청학산은 지금은 '소금강'이라고 칭하고 있다. '금강산을 축소한 것처럼 아름답다'는 뜻을 담고 있다. 청학동 소금강 지역이 1975년에 오대산 국립공원으로 편입된 후에는 '오대산 소금강'으로 불리고 있다. 이이는 강원도 강릉에서 태어나 금강산에도 다녀왔고, 그의 기행문으로 인해 강원도의 명산 오대산 소금강 지역이 처음 주목을 받게 되기도 했다. 조선 최고의 학자 중 하나인 이이를 강원도를 대표하는 인물이라 칭해도 좋을 듯하다.

**오죽헌 가는 길**

'강원특별자치도 강릉시 율곡로 3139번길 24'의 오죽헌은 KTX 강릉역에서 300번 버스를 타고 20분 정도 이동한 후 오죽헌 정류장에서 하차하면 나온다.

# 강릉의
# 허난설헌생가

　현대사회에서는 점점 여성의 지위가 높아지고 그 역할도 커지고 있다. 그와 대비되게 조선시대는 여성이 크게 차별을 받는 세상이었다. 능력이 있어도 그 자질을 발휘할 수 없었던 세상의 벽은 컸다. 그래서인지 신사임당 정도를 제외하면 떠오르는 여성이 많지가 않다. 《홍길동전》의 저자 허균의 누이였던 허난설헌許蘭雪軒(1563~1589)의 시는 사후에 명나라와 일본에까지 알려졌다. 요즈음으로 보면 중국에 한류 열풍을 일으킨 것이다.

　'난설헌'은 호이고, 본명은 초희楚姬다. 허엽의 딸로, 형제들인 허성, 허봉, 허균 모두 문장으로 이름을 날렸다. 허난설헌은 신사임당과 함께 강릉 출신이라는 공통점이 있다. 허난설헌의 동생 허균이 쓴, 문집인 《성소부부고惺所覆瓿藁》 중 〈학산초담鶴山樵談〉에는 강릉과 허난설헌의 깊은 인연을 보여주는 내용이 기록되어 있다.

　"강릉부는 옛 명주 땅인데, 산수의 아름답기가 조선에서 제일이다. 산천이 정기를 모아가지고 있어 이인(재주가 신통하고 비범한 사람)이 가끔 나온다. 국초(나라를 세운 처음 시기)의 함동원(함부림)의 사업이 역사에 실려 있고, 참판 최치운 부자의 문장과 절개가 또한 동원만 못지않다. 매월당(김시습)은 천고에 동떨어지게 뛰어났으니, 온 천하에 찾아보더라도 참으로 찾아볼 수 없으며, 원정 최수성 또한 뛰어난 행실로 일컬어지고, 중종조의 어촌 심언광과 최간재(최립)의 문장이 세상에 유명하다. 요즘 이율곡 또한 여느 사람과는 다르다. 우리 중씨(자신의 둘째 형)와 난설헌 또한 강릉의 정기를 받았다 할 수 있다"는 기록을 통해 허균이 최치운, 심언광, 이이 등과 함께 허난설헌이 강릉의 정기를 받고 뛰어난 능력을 보였음을 기록하고 있다.

허난설헌이 그 능력을 발휘할 수 있었던 데는 아버지 허엽의 교육방침도 큰 몫을 했다. 허엽은 글공부를 가르칠 때 성별을 구별하지 않았고, 딸에게도 동기를 부여했다. 난설헌은 8세 때 신선 세계에 있는 상상의 궁궐 상량식에 초대받은 상황을 시로 표현한 〈광한전백옥루상량문廣寒殿白玉樓上梁文〉을 써서 세상을 놀라게 했다. 다양한 시 작품을 남겼지만, 그녀의 결혼 생활은 순탄하지 않았다. 생도 짧았다. 27세로 요절한 것이다.

허난설헌은 15세 무렵에 김성립과 혼인했으나 남편이 가정을 소홀히 하고 기녀들과 어울려 원만한 부부생활을 하지 못했다. 허난설헌은 시 〈강남곡〉에서 "어찌 알았으리 나이 열다섯 살에 조롱받는 사내에게 시집갈 줄이야"라고 자신의 처지를 빗대었다. 여기

허난설헌과 허균의 생가. 2001년에 복원된 것으로 전형적인 사대부가 한옥의 형태다. 솟을대문과 아트막한 담장 안에 대청과 사랑채, 안채 등이 있고 우물과 방앗간 옆으로 좁은 문을 두어 여성들이 출입할 수 있도록 남녀의 구분을 두었다. 안에는 허균과 허난설헌의 영정이 모셔져 있고 허균·허난설헌 기념관과 기념 공원을 함께 둘러볼 수 있다.

에 더해 그녀는 시어머니와도 사이가 좋지 못했으며, 사랑하던 자식들도 모두 잃었다. 허균은 〈훼벽사〉에는 "돌아가신 나의 누님은 어질고 문장이 있었으나, 그 시어머니에게 인정을 받지 못했다. 또 두 아이를 잃었으므로 한을 품고 돌아가셨다. 언제나 누님을 생각하면 가슴 아픔을 어쩔 수 없다"고 표현했다.

그녀의 불행은 여기에서 그치지 않았다. 친정집에 옥사(반역, 살인 따위의 크고 중대한 범죄를 다스림)가 있었고, 동생 허균마저 귀양 가는 비극적인 삶이 이어졌다. 허난설헌은 삶의 의욕을 잃고 책과 시로 슬픔을 달래다 결국 1589년 27세의 나이로 요절했다. 그녀의 시들은 허균의 노력으로 사후에 세상에 알려졌다.

허균은 친정에 흩어져 있던 누이의 시와 자신이 외우고 있던 시를 모아 《난설헌고蘭雪軒藁》를 만들었다. 그리고 명나라 사신이자 문인이었던 주지번에게 이 시집을 전달해, 중국에서 이 시들이 간행되도록 했다. 조선 지식인들 사이에도 "허봉과 허균이 시에 능하여 이름이 났지만 그 누이인 허씨는 더욱 뛰어났다"는 평가가 있었다.

현재 강릉시 초당동에서 허균과 허난설헌이 살았던 집을 만날 수 있다. 경포호 동쪽 다리를 건너 울창한 소나무 군락이 자리를 잡고 있고, 솔밭 사이 오솔길을 따라 들어가면 나타나는 기와집이 바로 이들의 생가다. 인근에는 기념관과 공원이 조성되어 있어서 평안하게 여류 시인의 향취를 접할 수 있다.

허엽의 호는 초당草堂으로, 강릉에서 유명한 초당두부의 기원은 허엽이 두부를 만든 것에서 유래한 것이다. 허난설헌생가터 근처에서 초당두부 마을을 찾는 것도 즐거움을 더해준다.

 **허난설헌생가터 가는 길**

'강원특별자치도 강릉시 율곡로 3139번길 24'의 허난설헌생가터는 KTX 강릉역에서 203-1번 버스를 타고 25분 정도 이동하거나 택시를 타고 7분 정도 이동하여 허난설헌삼거리 정류장에서 하차한 후 도보 3분 거리에 있다.

# 세조와 상원사의
# 인연

단풍의 명소로 손꼽히는 강원도 오대산에는 월정사와 상원사와 같은 유서 깊은 사찰들이 있다. 고려 후기에 조성된 월정사 팔각 구층석탑은 가장 화려한 석탑의 면모를 보여주고 있으며 국보 48호로 지정되었다. 통일신라시대에 만들어진 상원사 동종銅鐘은 현존하는 범종 가운데 제일 오래된 것으로, 역시 국보 36호로 지정되었다. 상원사 위쪽에 자리한 적멸보궁에는 부처님의 진신사리가 모셔져 있다.

'오대산五臺山'이라는 이름은 산문을 연 개산조 자장율사가 문수보살이 머물고 있다는 중국의 오대산에서 꿈속 계시를 받고 돌아와 절을 창건한 것에서 비롯되었다고 전해진다. 오대산, 문수보살과 가장 깊은 인연을 맺고 있는 조선의 왕은 세조다. 세조는 불교에 깊은 관심을 갖고 속리산과 오대산의 주요 사찰을 자주 찾았다. 상원사 입구에 있는 석조 구조물은 세조가 물 좋은 계곡에서 피부

평창 상원사 목조문수동자좌상(왼쪽). 상원사는 오대산에 있는 절로 신라 33대 성덕왕 23년(724년)에 건립되었다. 신라시대의 유물로는 국보로 지정된 상원사 동종과 대리석 탑이 있으며, 현재의 건물은 광복 후에 개축한 것이다.

병 치료를 위해 목욕할 때 의관을 걸어둔 곳이라는 이야기가 전해 온다.

이 석조물을 관대석 또는 관대걸이, 갓걸이라고 하는 것은 이러한 인연 때문이다. 세조가 목욕할 때 어린 동자가 등을 밀어준 일화도 전한다. 너무 등을 잘 밀어준 동자를 기특하게 여기며, 세조는 "어디에서 왕의 등을 밀어주었다는 소문을 내지 말라"는 당부를 했다. 이 말을 받은 동자는 "왕께서는 문수보살이 와서 등을 밀어주었다는 소문을 내지 마십시오"라고 화답했다고 한다. 이후 피부병이 완치되자 세조는 그때 만난 동자승을 나무에 조각하게 했는데, 이것이 국보 221호인 평창 상원사 목조문수동자좌상木造文殊童子坐像이다.

1462년(세조 8) 11월 5일 《세조실록》의 기록에는 "왕이 상원사에 거둥할 때에 관음보살이 현상現相하는 이상한 일이 있었기 때문에 교서를 내려 경미한 죄를 지은 사람들을 용서하도록 했다"는 기록이 나온다. 문수보살이 아닌 관음보살로 기록되어 있지만, 세조가 상원사에 행차했을 때 문수보살을 직접 만난 일화와 연결된다.

충북 영동의 반야사에도 비슷한 이야기가 전한다. 즉, 세조가 속리산 복천사에 들러 9일 동안의 법회를 끝낸 뒤, 신미(조선 세조 때의 승려) 등의 청으로 이 절의 중창된 모습을 살피고 대웅전에 참배했다. 이때 문수동자가 세조에게 따라오라 하면서 절 뒤쪽 계곡인 망경대 영천으로 인도하여 목욕할 것을 권했다고 한다. 세조는 기분 좋게 절에 돌아와서 어필을 하사했는데 지금까지도 보관되어 있다. 이후에 절의 이름을 반야사라고 한 것도 이 절 주위에 문수보살이 상주한다는 신앙 때문이며, 문수의 반야(지혜)를 상징하여 절에 이름을 붙인 것이다.

1984년 문수동자상의 복장(불상의 뱃속에 넣어 둔 물건) 유물이 발견되었는데, "1466년(세조 12) 2월에 사리와 함께 봉안했다"는 기록과 함께, 세조의 딸 의숙공주가 아버지의 쾌유를 빈 기원문과 세조가 입었던 것으로 추정된 배적삼 두 점, 다라니 및 불경 13권이 발견되었다.

세조의 배적삼에는 피와 고름 등의 흔적이 남아 있어서 세조가 말년에 피부병으로 큰 고생을 했다는 것을 확인할 수 있다. 세조의 피부병은 단종의 생모인 현덕왕후가 세조의 꿈에 나타나 침을 뱉었고, 침이 묻은 곳마다 피부병이 생겨 고생을 했다는 이야기가 전해진다. 세조는 부처님의 힘으로 병을 고치기 위해 월정사와 상원사를 찾았고, 이 과정에서 문수보살을 친견한 이야기가 관련 유적으로 기억되고 있다. 세조와 상원사의 인연을 보여주는 역사의 흔적을 기억하며 오대산을 찾아보는 것은 어떨까?

## 상원사 가는 길

'강원특별자치도 평창군 오대산로 1209'의 상원사는 KTX 진부(오대산)역에서 내려 근처 진부버스터미널에서 상원사행 버스를 타고 35분 정도 이동하여 상원사 정류장에 하차하면 나온다. 월정사에서 등산로를 따라 상원사로 올라가는 방법도 있다.

# 실록을 지킨
# 사람들

2023년 11월 9일 '조선왕조실록 오대산사고본'이 긴 타향살이를 마치고, 원래의 위치인 오대산에 돌아온다는 소식이 전해졌다. 《조선왕조실록》은 왕이 승하한 후에 후대 왕 때 실록청을 구성하여 실록 편찬 작업에 착수하는 식으로 이어져 왔다. 현재 왕이 재위한 기간에 《조선왕조실록》을 편찬한다면 객관성과 공정성이 우려되기 때문이었다. 실록은 사관들이 기록한 사초(사관이 기록하여 둔 사기의 초고)와 관청의 업무일지에 해당하는 시정기 기록을 바탕으로 완성했다.

조선 전기까지 실록을 완성하면 궁궐 안의 춘추관 사고(실록 따위 국가의 중요한 서적을 보관하던 서고)를 비롯하여 충주, 전주, 성주의 네 군데 사고에 분산 보관했다. 혹시라도 모를 화재나 변란으로 실록이 소실될 것을 우려했기 때문이었다. 실제 1592년의 임진왜란으로 인해 전주 사고본을 제외한 실록 모두가 소실되었고, 전쟁 후

《조선왕조실록》은 조선 태조부터 철종 때까지 25대 472년간(1392~1863)의 역사를 일어난 순서대로 기록한 책이다. 이 중 오대산사고본은 1606년(선조 39)경 설치된 오대산사고에 보관된 실록이다.

실록을 보다 안전한 산간 지역에 보관해야 한다는 의견이 제기되었다.

결국 조선 후기에는 총 5부를 간행하여 궁궐 안에 한 부를 보관하고, 나머지 네 부는 강화 정족산, 평창 오대산, 봉화 태백산, 무주 적상산에 보관하는 시스템이 갖추어졌다. 산간 지역에 사고를 설치한 것은 인근에 있는 사찰에서 이를 지키게 하는 목적도 있었다. 전등사, 월정사, 각화사, 안국사는 이러한 기능을 부여받아 수호사찰이라 했다. 산간 지역에 실록을 보관한 선조들의 지혜는 조선왕조 내내 실록이 그 원형을 유지하는 큰 힘이 되었다. 그러나 1910년 일제가 조선을 병합한 후 실록은 모두 원래 위치에서 이동하는 수난을 겪게 되었다.

조선총독부는 처음 학무과에서 실록을 관리하게 했다가, 태백산사고본과 정족산사고본은 경성제국대학교 도서관으로 이관시켰다. 정족산사고본은 이왕직 도서관인 창경궁 장서각에서 보관하게 했는데, 1950년 6·25 전쟁 시기 한때 서울을 점령한 북한군이 평양으로 가져갔다.

'조선왕조실록 오대산사고본'은 동해의 주문진 항구를 통해 1913년 일본에 유출되는 비운을 맞았다. 오대산이 있는 강원도 평창군 일대가 동해안과 가까워서 일본으로 가져가기 편리해서였다. 일본으로 건너간 '조선왕조실록 오대산사고본'은 도쿄대학교 도서관에서 보관했다. 그러나 1923년 관동대지진이 일어났고 사건의 여파로 '조선왕조실록 오대산사고본' 대부분이 사라졌다. 다행히 74책이 화를 면했고, 이 중 27책은 1932년 경성제국대학교로 돌아왔다. 그리고 해방 이후 27책의 '조선왕조실록 오대산사고본'은 정족산사고본과 태백산사고본을 보관하고 있던 서울대학교에서 보관했다.

도쿄대학교에 있었지만, 해방 이후에도 돌아오지 못한 오대산 사고본 47책은 우리 정부와 문화계 등의 노력으로 2006년 93년 만에 고국의 품으로 돌아올 수 있었다. 도쿄대학교에서 서울대학교에 기증하는 형식으로 돌려받게 된 것으로, 서울대학교를 거쳐 문화재청 산하의 국립고궁박물관에서 보관했다.

2017년에는 일본 경매에 등장한 《효종실록》 1책을 국립고궁박

오대산사고의 모습. 조선왕조의 모든 왕대에 걸쳐, 왕의 사후 재위 기간 중 있었던 일을 정리하여 편찬한 국가기록물인 《조선왕조실록》은 당대에 열람하거나 활용하기 위한 것이 아니기 때문에 왕도 함부로 볼 수 없었으며, 후세의 평가를 염두에 두고 바르게 기록하고 안전하게 잘 보관하는 것이 매우 중요한 일이었다. 따라서 전쟁이나 화재, 천재지변으로부터 보호하기 위하여 같은 책을 여러 부 만들어 여러 곳에 나누어 보관했다. 이렇게 분산 보관하는 것을 '분상分上'이라고 하며, 분상하여 보관하던 시설이 바로 '사고史庫'다. 그중 오대산의 사고에 보관하던 실록이 '오대산사고본'이다.

물관이 추가로 사들여 '조선왕조실록 오대산사고본'의 총수는 75책이 되었다. 고궁박물관에서 '조선왕조실록 오대산사고본'을 보관하고 있었지만 이후에도 원래 실록이 있었던 오대산으로 돌아와야 한다는 논의들이 꾸준히 진행되었고, 2023년 11월 그 결실을 맺은 것이다.

　'조선왕조실록 오대산사고본'은 관동대지진으로 대부분 소실되었기에 실물로 책 수량을 파악하기는 쉽지 않다. 그러나 다행스럽게도 실록의 보관 상황을 기록한 도서 점검 기록부 형식의 책인 《실록형지안實錄形止案》이 남아 있어서, 총 788책이었음이 확인된다.

'조선왕조실록 오대산사고본'은 실록을 완간하기 직전의 교정쇄라는 점도 주목할 만하다.

임진왜란으로 소실된 《태조실록》부터 《명종실록》을 다시 간행하여 사고에 보관하는 과정에서, 최종 완성 전의 교정본을 오대산에 보관한 것이다. 이것은 당시에는 종이를 조달하는 비용이 만만치 않았기 때문인 것으로 보인다. 현재 실물이 남아 있는 《성종실록》, 《중종실록》, 《선조실록》을 통해 교정한 흔적을 그대로 찾아볼 수 있다. 서적 출판에서 실제 행한 다양한 교정 방법까지 확인할 수 있다는 점에서도 '조선왕조실록 오대산사고본'의 자료적 가치는 크다.

'조선왕조실록 오대산사고본' 75책과 의궤 82책을 보관하고 전시하고 있는 강원특별자치도 평창군에 있는 국립조선왕조실록박물관에서 실록을 지켜온 선조들의 투철한 기록 정신을 접해보기를 바란다.

 **오대산사고 가는 길**

'강원특별자치도 강릉시 평창군 진부면 동산리 산1'의 오대산사고는 월정사에서 상원사로 올라가는 길 2킬로미터쯤에서 왼쪽으로 들어가 20분 정도 걸어가면 나온다.

# 제주도 항파두리성
# 유적지

　겨울방학 기간 자녀들과 찾을 수 있는 대표적인 관광지가 제주도다. 2007년에는 우리나라 최초로 '제주 화산섬과 용암동굴'이라는 이름으로 유네스코 세계자연유산에 등재되기도 했다. 세계적으로도 뛰어난 자연경관을 보유한 제주도에 최근에는 곳곳에 산재한 맛집을 찾아 많은 국내 관광객과 외국인이 몰리기도 한다.

　제주도에 다양한 역사유적이 있음을 알고 찾는 경우는 그리 많지 않다. 하지만 알고 나면 깜짝 놀랄 정도로 제주도에는 제주의 뿌리를 보여주는 삼성혈을 비롯하여 고려시대, 조선시대, 근대, 현대 등 시대별 역사의 흔적들이 다양하게 남아 있다.

　고려시대를 대표하는 유적지가 애월읍에 소재한 항파두리성抗坡頭里城이다. '항파두리'란 제주말로, 철옹성이라는 뜻으로, 고려 후기 삼별초의 저항군들이 최후까지 고려 정부군과 몽골군에 맞서 저항을 했던 곳이다. 고려 정부는 몽골족이 세운 원나라의 침입에

제주 항파두리성 유적지. 고려시대 삼별초 대몽 항쟁의 마지막 보루로 제주시 애월읍 고성리와 상귀리 일대에 위치하며, 하귀리 해안으로부터 약 3킬로미터 떨어진 구릉상에 위치한다.

맞서 강화도로 수도를 옮기면서까지 항쟁했지만, 1270년 결국 원나라에 항복을 선언했다.

이러한 정부의 조치에 가장 반발했던 세력이 최씨 무신정권의 사병으로 출발했던 삼별초였다. 삼별초는 처음 최씨 무신정권을 지탱하기 위한 사병기구로 출발했다. 야간의 치안을 담당하는 특수부대인 야별초를 설치한 후, 야별초가 확대되면서 좌별초와 우별초로 나뉘게 되었다. 여기에 몽골과의 전쟁 과정에서 몽골군에게 잡혔다가 탈출, 송환된 사람들로 편성된 부대인 신의군을 합하여 삼별초라 했다.

몽골과의 항복에 반대하면서 반란을 일으킨 삼별초는 배중손을 대장으로 강화도를 거점으로 저항하다가, 1270년 8월에 진도로 근거지를 옮겼고, 1271년 5월 진도가 함락되자 다시 제주도로 근거지를 옮겼다. 현재의 진도에는 삼별초의 거점 지역이었던 용장산성이 복원되어 있다. 삼별초는 현재의 애월읍 고성리에 외성과 내성을 쌓고 궁궐과 관청 및 방어시설을 갖추었으니, 이곳이 바로 항파두리성이다. 항파두리성은 이중의 성을 쌓았다. 둘레 750미터의 내성은 돌로, 둘레 3.8킬로미터 정도의 외성은 흙으로 쌓았다. 내성 안쪽에 지휘부가 머무는 건물을 지었고, 외성에는 사방에 대문도 설치했다는 것을 알 수 있다.

김통정을 대장으로 하여 항파두리성을 중심으로 몽골군과 고려정부군에 맞섰던 삼별초의 저항은 1273년 이 성이 함락되면서 마무리되었다. 제주도에서 삼별초를 지휘하던 김통정은 성을 탈출하여 한라산 중턱으로 피신했다가 자결했다. 현재에도 붉은 오름 주변에는 김통정의 피신에 관한 일화가 전해오고 있다. 자연유산을 관광하고 미락 여행을 하는 것과 더불어, 시대별 역사유적을 찾아보는 즐거움까지 더해진다면 제주도에 대한 기억은 더욱 선명해질 것이다.

 항파두리성 가는 길

'제주특별자치도 제주시 애월읍 고성리 1126-1번지'의 항파두리성은 제주버스터미널에서 291번 버스를 타고 항파두리사거리 정류장에서 하차한 후 도보 15분 정도 이동하면 나온다.

꽃 무늬 장식

# 김만덕과
# 나눔 정신

청명한 가을날에는 전국에서 지역별 특징을 담은 축제 행사가 곳곳에서 열리고 있다. 제주도의 10월을 대표하는 행사는 '만덕제'로, 조선 후기 제주 출신의 여성 CEO 김만덕이 실천했던 나눔의 정신을 기리고 있다. 여성으로 그 이름이 기록되는 경우가 매우 드물었던 조선시대에 김만덕(1739~1812)은《조선왕조실록》에 그 이름을 당당히 올렸다.

그녀의 이름이 실록에 기록되었던 까닭은 무엇일까? 1796년(정조 20)《정조실록》에는 "제주의 기생 만덕이 재물을 풀어서 굶주리는 백성들의 목숨을 구하였다고 목사가 보고하였다. 상을 주려고 하자, 만덕은 사양하면서 바다를 건너 상경하여 금강산을 유람하기를 원하였다. 허락해 주고 나서 연로의 고을들로 하여금 양식을 지급하게 하였다"는 기록이 보인다.

1795년 제주에는 큰 기근이 들어 굶어 죽는 이가 속출하여 나

《번암집》. 조선 후기 문신 채제공이 쓴 《번암집》에는 제주 여인 김만덕이 주인공으로 나오는 <만덕전>이라는 소설
이 수록되어 있다. <만덕전>은 《정조실록》에 실린 '제주에 큰 기근이 들자 전 재산을 내놓아 굶주린 제주도민을 구
휼했다는 실존 인물 김만덕의 선행'을 널리 알리고 만인의 본보기로 삼고자 나온 소설이다.

라에서도 도저히 감당하지 못했다. 이에 김만덕은 천금을 내어 육
지에서 쌀을 사들여 굶주린 백성을 구휼한 것이다. 조선시대 변방
중의 한 곳인 제주에서 여성이 재물을 풀어 백성을 구제했다는 사
실 자체도 놀랍거니와, 이를 실록에 기록했다는 점 또한 이례적이
었다.

그럼 김만덕은 어떤 방식으로 많은 돈을 벌 수 있었을까? 김만덕
이 살았던 조선 후기 영조, 정조 시대는 변화의 시기였다. 김만덕은
상업과 유통 경제의 발달이라는 시대의 흐름을 읽고 상업과 무역 전
선에 뛰어 들었다. 관기의 일을 그만두고 포구에서 객주를 차리고
장사를 시작했다. 김만덕은 외부에서 반입되는 쌀이나 제주에서 생

산되지 않는 소금의 독점권을 확보하여 이를 미역, 전복 등 제주의 해산물과 교환했다. 쌀과 소금의 시세 차익을 이용하여 부를 축적해 나갔고, 결국 제주도 최고의 여성 갑부가 될 수 있었다.

그리고 무엇보다 자신이 보유한 재산을 백성들을 위해 기부했다는 점은 오늘날에도 그 가치를 빛나게 한다. 만덕의 선행은 조정에까지 알려졌고, 정조는 궁궐에서 김만덕을 직접 만났다. 김만덕의 행적은 정조의 참모 채제공의 《번암집》에 〈만덕전〉이라는 제목으로 기록되었다.

"만덕은 성이 김씨이며, 탐라의 양인 집안의 딸이다. 어려서 어머니를 잃고 귀의할 바가 없었다. 기녀를 의탁하여 살았는데, 점차 성장하자 관부에서는 만덕의 이름을 기안에 올렸다. … 나이 스무 살에 그 사정을 관아에 읍소하니, 관에서 그것을 불쌍히 여겨 기안에서 제외하고 양민으로 복귀하였다. … 그 재주는 재산을 늘리는 데에 뛰어났다. 때에 따라 물가의 높고 낮음에 능하여, 팔거나 샀다. 수십 년에 이르러 자못 명성을 쌓았다. … 을묘년(1795년)에 탐라에 큰 흉년이 들어 백성들의 시신이 침상을 이루었다. 왕이 곡식을 배에 싣고 가서 구제하기를 명했다. … 이에 만덕이 천금을 희사하여 쌀을 사들였다. 육지의 여러 군현의 사공들이 때맞춰 이르자 만덕은 십분의 일을 취하여 친족을 살리고, 그 나머지는 모두 관가에 수송하였다. … 남녀 모두가 나와서 '우리를 살려준 이는 만덕이로다'라 하면서 만덕의 은혜를 칭송하였다. 구제가 끝나자, 목사는 그 일을 조정에 아뢰었다."

김만덕의 기부 행위에 조정에서는 포상을 논의했지만, 쉽게 관직을 내릴 수도 없는 형편이었다. 이런 고민을 김만덕은 깨끗하게 해결해준다. "다른 소원은 없으나 오직 하나, 한양에 가서 왕이 계시는 궁궐을 우러러보는 것과 천하 명산인 금강산 일만이천봉을 구경하는 것입니다"라는 거액의 기부자답지 않은 소박한 소원이었다. 1796년 만덕이 서울에 오자 정조는 직접 김만덕을 격려했고, 이듬해 봄에는 평생의 소원이던 금강산을 유람하고 돌아왔다. 만덕은 이제 '장안의 스타'가 되어 있었다.

《번암집》에는 "만덕의 이름이 한양에 가득하여 공경대부와 선비 등 계층을 가리지 않고 모두 그녀의 얼굴을 한 번 보고자 하였다"는 기록이 보인다. 김만덕은 제주도에 돌아온 후 15년 만인 1812년 세상을 떠났고, 그녀의 유언에 따라 무덤은 제주 성안이 한눈에 내려 보이는 가운이 마루 길가에 묻혔다고 한다. 성공한 CEO로서 나눔의 미덕을 실천한 기부천사 김만덕의 행적은 우리에게 훈훈한 감동을 주고 있다. 그리고 제주도에서는 해마다 만덕상을 제정하여, 또 다른 김만덕을 배출해나가고 있다.

 **김만덕기념관 가는 길**

'제주특별자치도 제주시 건입동 1164'의 김만덕기념관은 제주 동문시장과 칠성로 쇼핑센터 인근에 위치한다. 제주공항과도 가까운 곳이다.

# 세한도의 탄생과
# 제주추사관

2022년 7월의 마지막 주말 휴가 여행 차 제주도를 찾았다. 태풍의 영향으로 계속 비가 내려, 자동차로 제주 해안 도로를 따라가면서 주요한 유적지와 관광지를 찾는 방식으로 여행을 했다. 제주도를 가면 꼭 들르는 곳은 서귀포시 대정읍에 소재한 추사 김정희(1786~1856)의 유배지와, 2010년 5월 이곳에 조성된 제주 추사관이다. 19세기 순조, 헌종 시대에는 이 시기를 대표하는 세도 가문인 안동 김씨와 풍양 조씨의 정치적 대립이 치열하게 전개되었다. 경주 김씨인 김정희 가문은 풍양 조씨 편에 섰고, 헌종 때인 1840년 9월 김정희는 제주 대정현에 유배된 후 위리안치(유배된 죄인이 거처하는 집 둘레에 가시로 울타리를 치고 그 안에 가두어 두던 일)되었다.

현재 김정희가 유배 생활을 했던 초가집은 복원되어 있다. 1848년 12월 유배에서 풀려났으니, 8년 3개월이라는 긴 시간을 제주도와 인연을 맺게 되었다. 유배 기간에도 김정희는 편지를 통하여 외부와 소통했다. 현재 전하는 김정희의 문집에 실려 있는 편지만 해도 300통 가까이 되는데, 그중 제주도에서 보낸 편지가 절반 가까이 차지한다. 김정희는 편지를 통해 안부와 소식을 묻고, 학문과 예술을 완성해 나갔고, 유배를 전화위복의 계기로 삼았다.

김정희가 제주도 유배 시절 가장 많은 편지를 교환했던 인물은 초의선사(1786~1866)다. 현재 국립중앙박물관에는 김정희가 초의선사에게 보낸 17편의 편지와 봉투 6통이 수록된 간찰첩이 보관되어 있다. 이 중 여섯 편의 편지는 봉투와 함께 수록되어 있어서 원본임을 확인할 수 있다. 김정희가 초의에게 보낸 편지는 김정희의 문집인《완당전집》에도 37편이 소개되어 있다. 국립중앙박물관 보관 간찰첩에 술록된 편지는 그 내용으로 보아 김정희가 제주도에서 유배 중일 때 작성한 것임을 알 수 있다.

이 편지들에는 제주도로 김정희를 찾아온 초의가 걱정하는 마음에 쉽게 떠나지 못하자 어서 돌아가기를 재촉하는 내용, 김정희 자신이 풍토병과 습기로 고생하고 있다는 하소연, 초의에게 차와 간장을 보내 달라는 내용 등이 담겨 있다. 유배지에서의 일상 외에 불교에 관한 내용을 주고받은 편지도 있다. 초의는 다산 정약용의 유배지인 강진의 다산초당을 찾아 정약용을 스승처럼 섬기면서 차와 학문에 대한 논의를 주고받기도 했다.

제주도라는 지리적 격리는 무엇보다 김정희에게 새로운 책에 대한 욕구를 강하게 했다. 이 무렵 스승을 잊지 않고 책을 보내오는 제자가 있었다. 바로 역관 이상적(1804~1865)이었다. 이상적은

제주도 서귀포시 대정읍의 추사유배지. 조선 후기의 문신이자 서화가였던 추사 김정희가 1840년에서 1848년까지 유배생활을 하던 곳이다. 김정희는 이곳에 머물면서 추사체를 완성하고, <완당세한도>를 비롯한 많은 서화를 그렸으며, 제주지방 유생들에게 학문과 서예를 가르치는 등 많은 공적을 남겼다. 그가 남긴 문화적 가치를 지니는 유배문학뿐만 아니라 금석학과 유학, 서학의 의미는 역사적·학술적으로 크게 평가되고 있다.

청나라에 사신으로 갔다 올 때마다 책을 좋아하는 스승을 위해 책을 보냈다. 이에 감동한 김정희는 의리를 지키는 제자를 위해 그림을 그려 이에 화답했고, 이것이 바로 〈세한도歲寒圖〉다.

　　1844년 김정희가 59세 때 그린 역작인 〈세한도〉는 "날이 추워진 연후에야 소나무와 잣나무가 늦게 시드는 것을 안다"는 《논어》의 구절과 함께 창문 하나가 난 조그만 집, 고고한 소나무 한 그루와 잣나무 세 그루의 모습을 그림에 담고 있다. 가로 69.2센티미터, 세로 23센티미터의 크기다. 스승에게서 〈세한도〉를 전해 받은 이상적은 사행길에 중국 친구들에게 이 그림을 보여주었고, 이들은 이상적의 의리와 김정희의 처지를 안타깝게 여기는 감상평을 보태주었다. 2010년 개관한 추사관은 추사가 유배 생활을 했던 제주도 서귀포시 대정읍에 위치해 있는데, 〈세한도〉에 표현된 집 모습을 그대로 재현하여, 역사적 의미를 더하고 있다. 추사관에서 얼마 떨어지지 않은 곳에는 2001년 개관한 오설록티뮤지엄이 있고 녹차밭도 조성되어 있어서 함께 찾아보면 좋다.

현재 국립중앙박물관에 보관이 되어 있는 〈세한도〉는 전체 길이 1,469.5cm의 긴 두루마리 형태가 네 부분으로 구성되어 전해온다. 두루마리의 세 번째 부분과 네 번째 부분에는 중국과 우리나라의 문인 20명이 쓴 22편의 감상글이 붙여져 있다. 세 번째 부분에는 1845년에 중국 청나라 문인 16인이 〈세한도〉를 보고 쓴 글 16편과 1914년에 김준학이 추가한 글 2편이 쓰여 있다. 네 번째 부분에는 1949년에 근대의 인물인 오세창, 이시영, 정인보가 쓴 3편의 글이 실려 있다.

**제주추사관 가는 길**

'제주특별자치도 서귀포시 대정읍 추사로 44'의 추사유배지는 제주공항 4번 승차장에서 151번 급행버스를 타고 1시간 정도 이동하여 보성초등학교(추사유배지) 정류장에서 하차한 후 오른쪽으로 도로를 두고 100미터 정도 걸어가면 나온다.

# 신병주 교수의
# 인물 따라 공간 따라 역사 문화 산책

**초판 1쇄** 2025년 5월 23일

**지은이** 신병주
**펴낸이** 허연
**편집장** 유승현
**기획편집** 정혜재

**편집부** 정혜재 김민보 장아름 고병찬 이예슬 장현송
**마케팅** 한동우 박소라 구민지
**경영지원** 김민화 김정희 오나리
**디자인** 김보현 한사랑

**펴낸곳** 매경출판(주)
**등록** 2003년 4월 24일(No. 2-3759)
**주소** (04557) 서울시 중구 충무로 2(필동1가) 매일경제 별관 2층 매경출판(주)
**홈페이지** www.mkpublish.com **스마트스토어** smartstore.naver.com/mkpublish
**페이스북** @maekyungpublishing **인스타그램** @mkpublishing
**전화** 02)2000-2641(기획편집) 02)2000-2646(마케팅) 02)2000-2606(구입 문의)
**팩스** 02)2000-2609 **이메일** publish@mkpublish.co.kr
**ISBN** 979-11-6484-777-8(03910)

이 저서는 2018년 대한민국 교육부와 한국연구재단의 지원을 받아 수행된 연구임
(NRF-2018S1A63A0304397)